세상을 바꾼 위대한 질문들

세상을 바꾼 위대한 질문들

외대부고 박인호 쌤의 미국 명문대 인문기행

AI시대를 끌어 가는 질문의 힘

박인호 지음

글로세움

서문

공부는 늘 쉽지만은 않다. 지겹고, 막막하고, 때로는 '왜 해야 하지?'라는 회의가 밀려온다. 그러나 바로 그 순간, 하나의 진심 어린 질문이 떠오르면 공부는 의무에서 탐험으로 바뀐다.

"나는 왜 공부하는가?"

이 질문은 곧 "나는 어디로 가고 있는가?", "어디에서, 무엇을 배워야 할까?"라는 더 큰 물음으로 이어진다. 세계의 많은 젊은 이들이 그 답을 찾아 미국으로 향한다. 왜 하필 미국인가? 이 물음은 단순한 유학 전략을 넘어, '배움이란 무엇인가', '대학은 어떤 공간이어야 하는가'라는 본질적인 사유를 요구한다. 이 책은 그 질문에 대한 나의 여정이자, 그 여정에서 길어 올린 성찰의 기록이다.

나는 미국 명문대들을 직접 걸으며 깨달았다. 좋은 대학이란 단지 지식을 가르치는 곳이 아니라, 질문을 던지게 만드는 곳이라는 사실을. 정답보다 더 나은 질문을 함께 탐색하는 교수들, 실패를 허용하는 실험의 공간, 다름을 존중하는 토론의 문화. 미국 대학의 진정한 힘은 바로 그 '열림'과 '질문'에 있음을 확인했다.

2024년, 시카고에서 시작된 이 탐방은 필라델피아, 프린스턴, 뉴욕, 뉴헤이븐, 프로비던스, 케임브리지, 보스턴으로 이어졌다. 2025년 여름에는 워싱턴 D.C.를 거쳐 볼티모어와 뉴욕, 그리고 북쪽 끝 뉴햄프셔주 하노버까지 여정을 확장했다.

나는 방문한 대학마다 도서관을 찾았다. 내 시선이 향한 대상은 멋지게 지어진 건물 자체가 아니라, 그곳에서 공부했던 이들이었다. 누가 이곳에서 배우고 사유했을까. 그들은 과연 어떤 꿈과 실문을 품고 이 교정을 걸었을까. 미국 명문대 탐방은 결국 사람의 발자취와 숨결을 따라간 여정이었다.

또한 각 대학의 입학처를 찾아 입학사정관들과 직접 이야기를 나눴다. 그들이 찾는 인재상은 무엇인지, 어떤 철학과 기준으로 학생을 선발하는지, 원서 검토에서 주목하는 지점은 어디인지 묻고 또 들었다.

그 여정 속에서 나는 하나의 드라마처럼 각 대학의 풍경과 정신을 마주했고, 그 길 위에서 삶과 배움에 대한 더 깊은 질문을 품게 되었다.

하지만 이 책은 미국 유학을 권하는 책이 아니다. 어디에서 공부하든, 중요한 것은 스펙이 아니라 질문이다. 호기심과 질문을 장착한 이라면, 어느 자리에서든 진짜 공부를 시작할 수 있다. 나는 미국 명문대에서 그 가능성의 사례를 보았을 뿐, 누구든 자기 자리에서 삶을 향한 질문을 던질 수 있다.

그래서 이 책은 단순한 대학 소개서가 아니라, 공부의 태도와 질문의 본질을 묻는 인문기행서이다. 하버드, 예일, 스탠퍼드, MIT… 세계를 움직인 사상과 아이디어, 인물들의 흔적을 따라 걸으며 나는 자주 멈춰 섰다.

"이들은 어떤 질문을 품고 있었을까?"

그들의 강의실, 도서관, 실험실에는 여전히 지성의 물결이 흐르고 있었다. 나는 이 책의 각 대학마다 'The Great Question'이라는 꼭지를 두어, 그곳을 거쳐 간 인물들이 세상에 던진 질문을 담아냈다.

질문은 공부의 출발점이다. 질문이 다르면 공부가 달라지고, 공부가 달라지면 세상이 바뀐다. 낯선 곳에 가면 우리는 본능적으로 묻는다.

"이 도시는 왜 이런 풍경을 가졌을까?", "이 학교는 왜 이런 방식으로 사람을 키울까?"

그 질문들은 답보다 더 큰 울림을 주었고, 방향을 밝혀주는 나침반이 되었다. 나는 이 책에서 그 물음의 여정을 나누고자 한다. 미국 명문대 진학을 준비하는 학생들뿐 아니라, 국내 대학에서 공부하며 더 큰 세상을 꿈꾸는 이들에게도 이 책이 의미 있는 길

잡이가 되기를 바란다.

　진짜 질문은 머리가 아닌 가슴에서 나온다. 답을 찾기보다, 질문을 품으라. 시험에 나올지를 따지기보다, 그 안에 숨겨진 사람들의 이야기와 시대의 고민을 읽어내려는 자세가 필요하다. 이 책이 당신의 질문에 불을 지피는 작은 불씨가 되기를 바란다.

　Put the world into your dream.
　당신의 꿈에, 세상을 담아라.

2025년 9월
박인호

고마운 분들께

이 책이 세상에 나오기까지 아낌없는 도움을 준 모든 분들께 깊이 감사드린다.

국제부장 김민경 선생님과 카운슬러 안토니 김 선생님은 2년간 미국 여정을 함께하며 늘 학생들의 진로를 고민하고, 귀중한 대화를 나눠주었다. 빠듯한 일정 속에서도 밥 한 끼조차 챙기기 어려웠지만, 우리 학생들의 꿈을 위해 헌신했고, 원고 검토와 조언도 아끼지 않았다. 오랫동안 국제트랙 유학을 책임져온 김묘중, 유소연, 조경호 선생님의 조언도 큰 힘이 되었다. 후배와 독자들을 위해 기꺼이 자신의 이야기를 나눠준 우현, 태은에게도 고마움을 전한다. 멀리 있어도 언제나 응원과 격려를 보내준 지인에게도 각별한 감사를 전한다.

이분들의 마음과 손길이 없었다면, 이 책은 세상에 나올 수 없었을 것이다.

목차

서문 • 04

01
질문도 연습이 필요하다

- **01** 질문이 공부다 • 15
- **02** 여행하듯 공부하고, 공부하듯 여행하라 • 23
- **03** 잠자는 호기심 깨우기 • 29
- **04** 무엇이 궁금한가: 낯선 곳에서 질문하기 • 38
- **05** 낯섦과 친숙함 사이에서 • 48

02 토론과 사유로 세계의 중심이 되다

01 인문학으로 꽃 피운 노벨상 시카고 대학교 • 55
02 진보적 실용 학문의 선구자 펜실베이니아 대학교 • 69
03 토론과 사유의 꽃 '작은 아이비' 스와스모어 대학 • 87
04 백악관 품은 외교관 사관학교 조지타운 대학교 • 97
05 생명과학과 지성의 최전선 존스 홉킨스 • 112
06 뉴욕을 캠퍼스로 누리는 NYU • 128
07 퓰리처상의 본거지 컬럼비아 대학교 • 136

03 창의적 지성들이 AI시대를 열다

01 순수 학문의 최고봉 프린스턴 대학교 • 157
02 리더 양성, 진리 탐구의 명가 예일 대학교 • 174
03 자유로운 학풍과 창의성의 요람 브라운 대학교 • 188

04 세계를 이끄는 최고의 지성 하버드 • 198

05 천재들의 공부 낙원 MIT • 219

06 프라이드 넘치는 강소 대학 애머스트 • 230

07 리버럴 아츠의 최정상 윌리엄스 칼리지 • 244

08 AI 연구의 서막을 연 다트머스 대학교 • 254

09 실용과 학문, 다양성의 교차로 코넬 대학교 • 267

04
자유와 혁신으로 우주의 문을 두드리다

01 실리콘밸리를 품은 혁신의 심장 스탠퍼드 대학교 • 279

02 캘리포니아 드림, 공립 최고 명문 UC 버클리 • 292

03 우주의 문을 두드리는 작은 거인 칼텍 • 304

04 과학과 인문이 조화로운 라이스 대학교 • 313

01
질문이 공부다

동굴 밖으로 나온 박쥐의 발견

박쥐는 동굴 속 어둠에서 초음파로 세상을 읽는다. 그 완벽한 음향 시스템 속에서 박쥐는 자신이 모든 것을 알고 있다고 여긴다. 하지만 어느 날 동굴 밖으로 나온 박쥐가 마주하는 것은 빛이라는 전혀 다른 세계다. 색깔이라는 개념, 시각이라는 감각이 새롭다.

우리도 마찬가지다. 컴퓨터 화면 속 세계가 전부인 줄 알고, 교실 안 칠판이 지식의 끝인 줄 안다. 그런데 문을 열고 밖으로 나서는 순간 깨닫는다. 세상은 우리가 생각했던 것보다 훨씬 넓고 깊다는 것을.

이런 깨달음은 어떻게 오는가? 바로 질문을 통해서다. "왜 박쥐는 어둠 속에서도 길을 찾을 수 있을까?", "빛이란 무엇일까?", "내가 보는 세상과 다른 세상이 또 있을까?"

질문이 우리를 동굴 밖으로 이끈다.

질문하는 자가 살아남는 인공지능 시대

세상이 요구하는 능력은 시대에 따라 달라진다. 농경의 시대에는 힘센 자가 으뜸이었다. 튼튼한 체력과 농기구를 능숙하게 다루는 솜씨가 곧 생존이자 경쟁력이었다. 산업혁명이 몰고 온 변화는 냉혹했다. 노동력은 기계로 대체되었고, 그 자리를 암기력과 분석력을 지닌 두뇌 노동자가 차지했다. 탁월한 기억력, 빠른 계산력, 정확한 분석이 출세의 사다리였다.

그러나 이제 또 한 번 판이 뒤집혔다. 인공지능이라는 거대한 혁신이 우리 앞에 놓였다. 더는 지식을 머릿속에 욱여넣을 이유가 없다. 묻기만 하면 AI가 즉시 답한다. 코딩과 작곡, 그림과 신약 개발, 법률 문서 작성까지 척척 해낸다. 질문 하나에 수십 명분의 노동이 응축되어 쏟아져 나온다.

실리콘밸리에서는 이미 거센 지각변동이 시작되었다. 애플과 구글, 혁신의 심장이라 불리던 그곳에서도 AI에 밀려 개발자들이 무더기로 일자리를 잃었다. 몇 해 전까지만 해도 가장 '뜨거운' 직종이던 소프트웨어 엔지니어조차 이제는 흔들리는 중이다. 콜센터 상담원부터 변호사, 애널리스트, 작곡가까지 AI가 넘보지 않는 직업을 찾는 것이 오히려 어렵다.

이런 시대에 누가 살아남는가. 바로 질문하는 자다. 질문을 던질 줄 아는 사람만이 AI를 도구로 삼고, 창의성을 무기로 삼아 더 높은 차원의 생산성을 끌어올릴 수 있다. 질문은 생각의 씨앗이다. 생각은 다시 질문을 낳는다. 그렇게 사고는 깊어지고, 창조는 시작된다.

지식의 시대는 지나가고 질문의 시대가 도래했다. 사고하는 인간은 더 이상 정답을 외우는 존재가 아니라 정답 너머를 묻는 존재가 되어야 한다. AI와의 공존은 질문의 질로 결정된다. 질문하는 자가 살아남는다.

소크라테스가 스티브 잡스에게 남긴 유산

"소크라테스와 단 10분 만이라도 대화할 수 있다면 애플을 통째로 바쳐도 좋다."

세계 최고 기업을 일군 스티브 잡스의 말이다.

2400년 전 아테네 거리를 돌아다니며 사람들에게 끊임없이 질문을 던진 철학자에게, 21세기 혁신의 아이콘이 이토록 간절한 마음을 표한 이유는 무엇일까?

소크라테스는 답을 가르치지 않았다. 그는 질문을 가르쳤다. "너는 정의가 무엇인지 아느냐?", "용기란 무엇인가?", "아름다움이란 무엇인가?" 그의 질문 앞에서 사람들은 자신이 아무것도 모른다는 것을 깨달았다. 그리고 바로 그 깨달음에서 진짜 배움이 시작되었다.

아인슈타인도 같은 맥락에서 말했다. "질문이 정답보다 중요하다. 호기심은 그 자체만으로도 존재 이유가 있다." 상대성이론도, 양자역학도, 모두 기존의 상식에 의문을 던지는 질문에서 시작되었다. "시간은 정말 절대적일까?", "물질과 에너지는 정말 다른 것일까?"

볼테르는 더 직설적으로 말했다. "사람을 판단하려면 그 사람의 대답이 아니라 질문을 보라." 어떤 질문을 던지느냐가 그 사람의 지적 수준과 호기심의 깊이를 보여준다는 뜻이다.

한국인과 유대인의 다른 질문

집에 돌아온 아이에게 한국 부모는 묻는다. "오늘 학교에서 뭘 배웠니?" 유대인 부모는 다르게 묻는다. "오늘 학교에서 어떤 질문을 했니?"

이 작은 차이가 얼마나 큰 결과를 만드는지 우리는 안다. 한국 아이는 배운 내용을 정리해서 답한다. 수동적이다. 유대인 아이는 자신이 던진 질문을 이야기한다. 능동적이다. 하나는 받아들이는 자세이고, 다른 하나는 탐구하는 자세다.

노벨상 수상자 비율이 이를 증명한다. 전 세계 인구의 0.2%에 불과한 유대인이 노벨상 수상자의 22%를 차지한다. 이것은 우연이 아니다. 질문하는 문화, 의문을 던지는 교육, 호기심을 북돋우는 환경의 결과다.

물고기는 물에서, 학생은 교실에서

물고기는 물에서 헤엄칠 때 행복해 보이고, 새는 하늘을 날 때 자유로워 보이며, 두더지는 땅을 팔 때 열정적으로 보인다. 그런데 학생이 교실에서 공부할 때는 어떨까? 행복해 보이는가?

문제는 우리가 공부를 잘못 이해하고 있다는 데 있다. 공부를 암기나 시험 준비쯤으로 여기고 있지는 않은가. 하지만 진짜 공부는 질문하기다. 궁금한 것을 찾아 스스로 깊이 파고들며 탐구하는 것이 공부의 본질이다.

아르키메데스는 목욕탕에서 물이 넘치는 것을 보며 질문을 던졌다. "물에 잠긴 물체의 부피와 넘친 물의 부피가 같을까?" 그 질문에서 부력의 원리가 발견되었다.

뉴턴은 사과가 떨어지는 것을 보며 물었다. "왜 사과는 위로 떨어지지 않고 아래로 떨어질까?" 그 질문에서 만유인력의 법칙

이 탄생했다.

이들에게 사과와 목욕물은 시험 문제가 아니었다. 호기심의 대상이었다. 그래서 발견할 수 있었고, 그 발견은 세상을 바꿨다.

비교는 독이고 호기심은 해독제다

많은 학생이 공부를 힘들어하고 심지어 좌절하는 이유는 끊임없는 비교 때문이다. 시험을 위한 공부, 등급을 위한 공부, 몇 등을 위한 공부, 친구보다 잘하기 위한 공부. 이런 공부에서는 즐거움을 찾을 수 없다.

손흥민이 메시와 비교하고 홀란드와 비교한다면 얼마나 피곤할까? 축구의 즐거움은 온데간데없고 스트레스만 쌓일 것이다. 비교는 삶을 가장 지루하고 재미없게 만드는 독이다.

진짜 비교는 타인과 하는 것이 아니라 과거의 자신과 하는 것이다. 어제보다 조금 더 알게 되었다면, 전보다 조금 더 깊이 이해하게 되었다면, 그것만으로도 충분히 의미 있다.

호기심은 이런 비교의 독을 해독하는 특효약이다. 진짜 궁금한 것 앞에서는 남과의 비교가 무의미해진다. 오직 알고 싶다는 욕구만이 남는다. 그때 비로소 공부는 놀이가 되고, 탐험이 되고, 모험이 된다.

엘리베이터에서 발견한 세상

한 학생이 엘리베이터를 타면서 문득 궁금해했다. "사람들이 모두 한쪽으로 몰리면 엘리베이터의 무게 중심이 바뀔까?" 다른 학생은 점자(點字)를 보며 의문을 가졌다. "이 점자가 정말 제대로 되어 있을까?"

작은 질문이었지만 그들은 멈추지 않았다. 직접 조사하고, 실험하고, 전문가에게 문의했다. 그 결과 교내 16곳의 점자 오류를 발견하고 개선 방안을 제시했다. 학교에서는 이 학생들의 발견을 귀하게 여겨 즉각 교체 작업을 완료했다. 엘리베이터라는 일상적 공간이 물리학과 언어 탐구의 현장이 된 것이다. 최근 외대부고에서 실제 있었던 사례이다.

이 학생들은 무심코 지나치는 당연하고 친숙한 것에 용기 있게 질문을 던졌다. 그리고 그 질문으로 세상의 한 부분을 바꿔냈다. 이것이 진짜 공부다. 교과서 밖에서 일어나는 진짜 배움이다. 질문에서 시작해서 탐구로 이어지고, 발견으로 완성되는 학습의 완전한 사이클이다.

호기심을 장착하고 떠나는 여행

세상을 마주하는 것 자체가 여행이다. 교실도, 복도도, 기숙사도, 모든 곳이 탐험의 대상이 될 수 있다. 중요한 것은 호기심이라는 장비를 챙기는 것이다.

질문은 나침반이다. 어디로 가야 할지 방향을 알려준다. 호기심은 연료이자 엔진이다. 계속 앞으로 나아갈 동력을 제공한다. 탐구는 여행 그 자체다. 새로운 것을 발견하는 기쁨, 모르던 것을 알게 되는 짜릿함, 그 모든 것이 여행의 묘미다.

호기심의 문을 열지 않으면 모든 것은 그저 스쳐 지나가는 바람일 뿐이다. 하지만 질문이라는 열쇠로 그 문을 열면, 평범한 일상이 특별한 모험이 된다. 지루한 수업이 흥미진진한 탐험이 된다. 부담스러운 공부가 설레는 놀이가 된다.

공부라는 재미있고 설레는 놀이가 있는데, 무엇을 두려워하는가? 질문하라. 궁금해하라. 탐구하라. 그리고 발견의 기쁨을 만끽하라. 그것이 바로 진짜 공부다.

이제 우리는 호기심을 장착하고 세계의 중심, 미국 명문 대학의 문턱에 발을 들여놓을 것이다. 질문이라는 나침반을 들고, 함께 떠나보자.

02
여행하듯 공부하고 공부하듯 여행하라

공부가 여행이 되는 순간

"인생에서 비행기를 타고 하늘로 올라가는 몇 초보다 더 해방감을 주는 시간은 찾아보기 힘들다." 프랑스 작가 알랭 드 보통이 《여행의 기술》에서 한 말이다.

여행이 행복감을 주는 이유가 무엇일까? 지도를 펼쳐놓고 짐을 챙기는 순간부터 저절로 가슴이 벅차오른다. 그 설렘의 원천에는 일상으로부터의 해방감과 미지의 세계에 대한 호기심이 뒤섞여 있다.

교실 뒤편 창문으로 스며드는 오후 햇살을 바라보며, 당신은 아마 생각할 것이다. 저 멀리 어딘가로 떠나고 싶다고. 책상 위에 쌓인 문제집들이 감옥의 철창처럼 느껴지고, 칠판에 적힌 공식들이 해독 불가능한 암호처럼 보일 때, 우리는 모두 탈출을 꿈꾼다.

그런데 잠깐, 정말로 공부는 감옥이고 여행은 자유일까? 이 낡은 이분법을 한번 의심해 보자.

여행이 주는 그 짜릿한 해방감의 정체를 들여다보면, 그것은 결국 '새로운 것을 발견하는 기쁨'이다. 낯선 골목길에서 우연히 만난 작은 카페, 예상치 못한 풍경 앞에서 느끼는 감동, 현지인과 나눈 한마디 대화가 주는 울림. 이 모든 것의 핵심은 호기심이 충족되는 순간의 쾌감이다.

그렇다면 공부는 어떨까? 왜 우리는 물리학 공식 앞에서 설레지 않고, 역사 이야기에서 모험을 느끼지 못하는가? 답은 간단하다. 우리가 공부를 점수라는 목적지에 도달하기 위한 의무적 이동 수단으로만 여기고 있기 때문이다. 마치 관광버스를 타고 체크리스트를 소화하는 패키지여행처럼 말이다.

우리 학생들이 시험을 위한 공부, 점수를 위한 공부에 매몰되어 있는 현실이 안타깝다. 끊임없이 타인과 비교하며 순위를 매기는 강박에서 벗어나자. 궁금한 것을 스스로 찾아 떠나는 여행 같은 공부의 맛을 경험하면, 그때부터는 세상이 다르게 보인다.

점수라는 족쇄에서 벗어나기

"시험 점수가 전부가 아니다"라는 말을 들을 때마다, 당신은 아마 속으로 중얼거릴 것이다. '그럼 뭐가 전부란 말인가'라고. 맞다. 점수는 전부가 아니다. 하지만 그렇다고 해서 공부 자체가 무의미한 것도 아니다. 문제는 우리가 공부라는 여행에서 풍경을 보지 못하고 오직 도착지만 바라보고 있다는 데 있다.

진짜 여행자는 다르다. 그들은 목적지에 도착하는 것보다 가는 길에서 무엇을 발견하고 경험하느냐에 더 관심이 많다. 예정에 없던 마을에서 하루를 보내기도 하고, 우연히 만난 사람들과 이야기를 나누기도 한다. 길거리 음식을 맛보며 콧노래를 흥얼거리기도 한다. 길을 잃어도 당황하지 않는다. 오히려 그 덕분에 새로운 길을 발견했다며 기뻐한다.

공부도 마찬가지다. 수학 문제를 풀다가 아름다운 패턴을 발견하는 순간, 역사책을 읽다가 현재와 과거가 연결되는 지점을 깨닫는 순간, 과학 실험에서 예상과 다른 결과가 나왔을 때 그 이유를 탐구하는 순간. 이런 순간들에서 비로소 진짜 배움이 일어난다.

호기심이라는 엔진을 켜라

알베르트 아인슈타인은 이렇게 말했다. "나는 특별한 재능이 있는 것이 아니라 다만 열정적으로 호기심이 많을 뿐이다." 상대성이론이라는 인류 최고의 지적 여행을 떠난 사람의 말이다. 그에게 물리학은 시험과목이 아니라 우주라는 거대한 미지의 세계를 탐험하는 모험이자 여행이었다.

호기심은 엔진이다. 이 엔진이 돌아가기 시작하면, 교과서의 글자들이 살아 움직이기 시작한다. 역사 교과서에서 만나는 인물은 더 이상 외워야 할 이름이 아니라 각자의 삶과 고민을 짊어진 생생한 존재가 된다. 과학 시간에 배우는 법칙은 단순한 공식이 아니라 자연이 우리에게 속삭이는 비밀스러운 언어가 된다.

그런데 어떻게 하면 이 엔진을 켤 수 있을까? 방법은 생각보다 단순하다. 질문하는 것이다. "왜?"라는 한 글자짜리 질문이 모든 변화의 시작이다. 피타고라스 정리를 배울 때 "왜 이 공식이 성립하지?"라고 묻는 순간, 여러분은 이미 2500년 전 그리스의 수학자와 같은 호기심을 공유하고 있는 것이다.

책과 함께 공짜 여행 즐기기

여행의 가장 큰 제약은 시간과 돈이다. 하지만 책은 다르다. 책은 시공간을 초월하는 완벽한 여행 수단이다. 한 권의 책을 펼치는 순간, 여러분은 어디든 갈 수 있고, 누구든 만날 수 있다. 고대 이집트의 피라미드 건설 현장에서 노예들의 땀 냄새를 맡을 수도 있고, 르네상스 시대 레오나르도 다 빈치의 작업실에서 그의 스케치를 들여다볼 수도 있다.

더 놀라운 것은 이 여행에는 짐이 필요 없다는 점이다. 오직 호기심만 챙기면 된다. 책 속에서 만나는 모든 지식과 경험은 무료로 제공된다. 아리스토텔레스의 철학 강의도, 셰익스피어의 연극 관람도, 뉴턴과의 물리학 토론도, 롤스와 샌델의 정의론 탐구도, 정도전과 이방원의 내면 탐색도 모두 공짜다. 이보다 더 저렴하고 효율적인 여행이 또 있을까?

실패라는 예상치 못한 길

진짜 여행에서는 예상치 못한 일들이 벌어진다. 길을 잃기도 하고, 폭풍우를 맞기도 하고, 계획과 다르게 흘러가기도 한다. 하지만 이런 '실패'들이 오히려 가장 기억에 남는 순간들이 되곤 한다. 공부에서도 마찬가지다. 틀린 답, 이해하지 못한 개념, 실패한 실험들이 사실은 가장 소중한 배움의 기회다.

실패를 두려워하지 마라. 실패는 새로운 길로 안내하는 친절한 안내자다. 수학 문제를 틀렸을 때, 그 오류 속에서 새로운 해법을 발견할 수 있다. 국어 해석이 헷갈렸을 때, 그 혼란을 통해 언어와 맥락의 미묘한 차이를 깨달을 수 있다. 과학 실험이 예상과 다르게 나왔을 때, 그 속에서 새로운 원리를 발견할 수 있다.

나만의 지적 여행을 시작하라

지금 당장 시작할 수 있다. 오늘 배운 내용 중에서 가장 궁금한 것 하나를 골라보자. 그것에 대해 "왜?"라고 물어보자. 그리고 그 답을 찾아 떠나자. 인터넷을 뒤져도 좋고, 도서관에 가도 좋고, 선생님께 질문해도 좋다. 옆에 있는 친구에게 묻는 것도 망설이지 마라. 《논어》에 '삼인행 필유아사(三人行必有我師)'라는 말이 있다. 세 명이 길을 가면 반드시 나의 스승이 있다는 뜻이다. 여러분 주변에는 반드시 여러분의 스승이 있으니 망설일 이유가 없다.

중요한 것은 호기심이라는 나침반을 따라 움직이는 것이다. 공부는 여행이다. 지식이라는 새로운 땅에 발을 내딛고, 이해라는 풍경을 감상하며, 깨달음이라는 선물을 가지고 돌아오는 여행이다. 이 여행에는 무거운 캐리어도 필요 없고, 돈도 거의 들지 않는다. 오직 필요한 것은 호기심뿐이다.

세상은 넓고, 배울 것은 많다. 그리고 여러분에게는 그 모든 것을 탐험할 수 있는 능력이 있다. 이제 시작해 보자. 호기심이라는 엔진을 켜고, 지식이라는 미지의 대륙을 향해 첫발을 내딛어 보자. 그 여행이 여러분을 어디로 데려갈지, 그 누구도 예측할 수 없다. 그것이 바로 진짜 여행의 매력이다.

03
잠자는 호기심 깨우기

바그다드를 선택한 학생은 없었다

바이러스 공포가 몰아치던 2021년, 국제트랙 3학년 비교문화 수업에서 나는 학생들에게 '코로나 팬데믹 시대, 가상 세계 도시 문화여행'이라는 과제를 냈다. 아테네에서 상파울루까지 36개 도시를 제시하고 각자 끌리는 도시를 탐험하도록 했는데, 흥미롭게도 바그다드를 택하는 이는 아무도 없었다.

"〈알라딘과 요술 램프〉, 〈신드바드의 모험〉 이야기를 아시죠? 여러분의 상상력을 키웠던 《아라비안 나이트》의 무대가 바로 이곳입니다. 함무라비 법전으로 빛나는 메소포타미아 문명의 발원지이며, 아름다운 양탄자 문화를 꽃피운 땅이기도 합니다. 지금 그들의 후예들은 어떻게 살아가고 있을까요?"

나의 '지적 자극'은 즉각적인 반응을 불러왔다. 학생들은 7분 동안 도시를 발표하고, 이어진 7분 동안 날카로운 질문들이 오갔다.

처음엔 학생들이 주로 '핫플'이나 맛집 정보만 소개했다. 여행사 홍보물 같은 피상적인 발표였다. 나는 매번 짓궂은 질문을 던졌다. 기후와 인구, 언어와 종교, 의식주 문화와 축제, 문학작품과 예술, 정치 문화와 사회 갈등, 경제 활동과 특산품, 그리고 일상생활은 어떤지…. 끈질긴 질문에 학생들은 바짝 긴장할 수밖에 없었다.

나는 각 도시의 유명한 대학이나 도서관, 주목할 만한 인물도 반드시 언급하도록 했다. 알렉산드리아를 발표할 때면 클레오파트라와 안토니우스의 드라마, 알렉산드리아 도서관, 그곳에서 연구했던 유클리드와 에라토스테네스, 아르키메데스의 업적을 함께 이야기했다. 학생들은 그곳에서 기하학이 탄생하고 지구 둘레가 측정되었다는 사실을 알며 '유레카'의 순간을 맞았을 것이다.

발표가 거듭될수록 학생들의 탐구는 깊어졌고 수준도 눈에 띄게 향상되었다. 교실 안에서 경험한 그 효율적인 세계 여행의 기억은 아직도 생생하다.

아비투스가 만드는 세상을 보는 안경

타인과 나를 구별 짓는 취향, 습관과 태도, 사고방식과 판단, 행동 체계의 총체를 우리는 '아비투스(habitus)'라고 부른다. 20세기 프랑스의 지성 피에르 부르디외(1930~2002)가 즐겨 사용했던 개념이다. 영어로는 '습관(habit)' 정도로 번역될 수 있지만, 그 의미는 훨씬 넓고 깊다.

아비투스는 사회적 경험을 통해 후천적으로 형성되며 개인의 사고와 행위를 무의식적으로 지배한다. 부르디외는 주로 계층별 아비투스에 주목했지만, 사실 같은 계층 안에서도 개인마다 아비투스는 천차만별이다. 우리 학생들이 각기 다른 도시를 선택하고, 각기 다른 관점으로 그 도시를 바라보았던 것처럼 말이다.

나의 경우는 화려한 자연경관이나 이국적인 식생도 좋아하지만, 그 지역만의 독특한 문화와 역사, 그리고 그곳을 빛낸 인물들에 더 큰 매력을 느낀다. 만약 그 지역을 배경으로 한 영화나 문학작품이 있다면, 이야기는 더욱 흥미진진해진다. 숙소나 음식, 쇼핑 등은 부차적인 관심사다. 물론 맛있는 음식을 즐기는 행복감을 모르는 것은 아니다. 현지 음식을 맛보며 그 문화에 스며드는 듯한 기분은 특별하다. 다만, 맛집 탐방을 여행의 최우선 순위에 두거나, 그를 위해 많은 시간을 할애하는 것을 선호하지 않을 뿐이다. 이번 미국 명문대 탐방기에서도 나의 아비투스가 발동

될 것이다.

어서각과 김종서 장군의 이야기

내게 이러한 취향이 자리 잡게 된 특별한 계기가 있었다. 초등학교 저학년 시절, 수업 시간에 선생님이 들려주신 한 이야기가 오랫동안 뇌리에 박혔다.

"호랑이처럼 용맹한 장군이 무술을 연마하다 목이 말라 마을로 내려왔다. 마침 그곳에서 물을 긷던 아낙에게 물 한 그릇을 청했는데, 아낙은 바가지에 버들잎을 띄워 건네주었다. 허겁지겁 물을 마시려던 장군이 그 이유를 묻자, 아낙은 갈증이 너무 심해 급하게 마시다 체할까 염려되어 천천히 마시도록 그렇게 했다고 답했다. 그가 훗날의 태조 이성계였다. 이성계는 아낙의 지혜와 배려에 감동하여 그녀를 둘째 부인으로 맞이했고, 그녀의 오라버니 강순용에게는 교지를 내렸다. 강순용의 후손들이 그 교지를 소중히 간직해 오자, 훗날 영조가 이를 알고 친필을 내려 어서각을 건립하도록 명했다. 우리 학교 인근 고정리에 있는 어서각이 바로 그곳이다."

무심히 지나다녔던 낡은 건물이 바로 그 어서각이었다는 사실에 놀랐다. 매일 지나다니던 길목에 그런 특별한 장소가 있었다니, 당시 선생님의 이야기는 그 어떤 영웅담보다 흥미로웠다.

그 후 세조와 고종 또한 교지를 하사하여, 어서각은 조선왕조 네 명의 왕(태조, 세조, 영조, 고종)의 친필을 소장하게 되었다. 지금은 세종국제고등학교 남쪽 아래에서 그 자리를 묵묵히 지키고 있다. 우리가 흥미를 보이자, 선생님은 또 다른 이야기를 들려주셨다.

삭풍(朔風)은 나무 끝에 불고 명월(明月)은 눈 속에 찬데
만리변성(萬里邊城)에 일장검(一長劍) 짚고 서서
긴파람 큰 한소리에 거칠 것이 없어라

시조를 읊으시는 선생님의 낭랑한 목소리는 그 어떤 음악보다 감동적이었다. 차가운 북방을 굳건히 지키던 장군의 기개가 느껴지는 멋진 시조였다. 그리고 선생님은 덧붙였다. "이 시조의 주인공은 바로 우리 지역에서 태어나 이곳에 묻혀있는 김종서 장군입니다."

김종서(1383~1453)는 세종의 명을 받들어 두만강 일대 여진족을 격퇴하고 6진을 설치하여 북방 국경선을 두만강까지 확장한 인물이다. 이후 중고등학교에서 세종의 북방정책, 김종서와 황보인, 수양대군과 계유정난 등을 공부할 때 남다른 흥미를 느꼈던 것은 이때의 강렬한 경험 때문일 것이다. 더욱이 사육신 중 한 명인 박팽년이 나와 같은 족보에 있는 조상이라는 사실을 알게 되

었을 때, 역사와 나의 삶이 이토록 촘촘하게 엮여 있다는 사실에 깊은 흥미를 느꼈다.

내가 태어난 고정리와 김종서 장군의 고향인 대교리는 지리적으로 아주 가까운 이웃 마을이었다. 지금은 모두 세종특별자치시로 편입되었지만, 예전에는 하나의 생활권이나 다름없는 곳이었다.

지역 역사에 대한 선생님의 생생한 설명은 어린 나의 호기심에 불을 지핀 강력한 '지적 자극'이었다. 그때부터 교과서에서 스쳐 지나갔던 역사 속 인물들이 새롭게 보이기 시작했다. 그들 모두가 흥미진진한 이야기를 품고 있는 영웅처럼 느껴졌다. 공부가 즐거웠고, 책 읽는 시간이 기다려졌다.

우암 송시열과의 또 다른 만남

초등학교 5학년 때, 우리 가족은 고정리를 떠나 대전으로 이사했다. 대흥동을 거쳐 중학교 2학년 때는 가양동에 보금자리를 마련했다. 아버지와 나는 약수터가 있는 뒷산(꽃산)으로 종종 산책했는데, 그곳에는 놀랍게도 유적지가 있었다. 바로 조선 후기의 유학자, 우암 송시열의 사당이었다. 1998년에 우암사적공원으로 말끔하게 단장되었지만, 당시에는 우암의 명성에 비해 다소 초라한 모습이었다. 집 근처에 한국사 책에서 익히 보았던 송시열의 사당이 있다는 사실 자체가 나의 호기심을 강하게 자극했다.

송시열(1607~1689)은 조선 후기 효종부터 숙종 시대까지 활동했던 학자로, 사림파 노론의 정신적 지주이자 주자학의 거봉이었다. 그는 김장생과 김집의 제자였으며, 주희와 율곡 이이의 학문을 깊이 연구했다. 송시열이 태어난 곳은 충청북도 옥천군 이원면이고, 사약을 받고 생을 마감한 곳은 전라북도 정읍이며, 그의 묘소는 충청북도 괴산에 있다. 그런데 어찌하여 그의 사당이 대전시 가양동에 있는 것일까?

전해지는 이야기에 따르면, 송시열이 조정에서 물러나 말년에 제자들을 가르치고 학문에 정진했던 장소가 바로 이곳이라고 한다. 당대의 대학자가 머물러 공부했던 것을 보면, 가양동 꽃산 자락은 예로부터 학문을 닦기에 좋은 터였나 보다.

아들의 여행, 아버지의 조언

몇 해 전, 큰아들이 친구들과 일본 나고야로 여행을 간다고 들떠 있었다. 맛집 정보를 검색하느라 정신없는 아들에게, 불현듯 나의 '아비투스'가 발동했다. "나고야는 도쿠가와 이에야스의 근거지란다. 나고야성과 도쿠가와 미술관을 방문하기 전에 미리 공부해보고 가는 건 어떻겠니? 그리고 나고야에는 아사히 맥주 공장이 있고, 가까운 곳에는 토요타 본사 공장도 있어."

최근에는 녀석이 대학원을 마치고 취업한 기념으로 유럽 여행을 준비하고 있었다. 또다시 나의 '몸에 밴 습관'이 불쑥 튀어나왔다. "빈은 모차르트, 베토벤, 슈베르트 등 수많은 음악 거장들의 활동 무대였지. 빈 대학에도 관심을 가져보렴. 프로이트, 슘페터, 하이에크 등이 모두 빈 대학에서 공부하고 강의한 학자들이거든. 그리고 프라하는 중세 보헤미아 왕국의 수도였고, 베토벤이 교향곡을 헌정했던 로브코비츠 가문이 살았던 곳이야. 프라하 대학 법학과 출신인 카프카의 박물관도 들러보렴. 부다페스트에서는 요한 슈트라우스 2세가 '아름답고 푸른 도나우'로 찬양한 도나우 강변을 거닐어보는 것도 낭만적일 거야."

아마 아들에게는 잔소리처럼 들렸을지도 모르겠다. 하지만 내 진심은 아들의 호기심을 자극해 세상을 보는 안목을 넓히고, 이번 여행이 조금 더 풍성하고 뜻깊은 여정이 되기를 바라는 마음이었다.

그로부터 몇 달 후, 나는 아들에게 물었다. "나고야와 유럽 여행에서 가장 기억에 남는 게 뭐니?" 아들의 카톡 답장은 다소 싱거웠다. "나고야는 나고야 타워가 멋있었고, 음식이나 술집들도 다 괜찮았어요. 일본 젊은이들이 한국을 좋아하는 분위기도 신기했고요. 유럽은 나라마다 분위기가 달랐지만, 야경이 정말 아름다웠고, 멋진 건물이나 풍경들이 인상적이었어요."

아마 대부분의 젊은이들이 이와 비슷한 반응을 보이지 않을까 싶다. 큰아이는 친구들과 함께했던 소중한 경험과 추억에 더 큰 의미를 두고 있을지도 모른다. 그것 또한 여행의 중요한 가치임에 틀림없다.

호기심이 만드는 다른 세상

무엇을 알고 싶어 하는가, 어떤 것에 관심을 두는가에 따라 여행의 색깔은 완전히 달라진다. 같은 집에 살더라도 각자의 생활 세계와 경험이 다르고, 그에 따라 취향과 아비투스가 다르니, 세상을 바라보는 안경이 다른 것은 당연한 이치다. 호기심과 질문이 살아 있다면, 스쳐 지나가는 풍경도 예사롭게 보이지 않지만, 무심히 지나친다면 10년을 보아도 그 진정한 의미를 깨닫기 어렵다.

"사랑하면 알게 되고, 알게 되면 보이나니, 그때 보이는 것은 전과 같지 않으리라." 유홍준 선생의 《나의 문화유산 답사기》에 나오는 구절처럼 말이다. 절로 고개가 끄덕여지는 멋진 말이 아닐 수 없다.

04
무엇이 궁금한가:
낯선 곳에서 질문하기

　로마의 석양이 콜로세움 위로 스러져 내릴 때, 나는 2천 년 전 검투사들의 함성을 들었다. 베네치아의 좁은 수로를 미끄러지는 곤돌라 위에서는 마르코 폴로의 모험담이 귓가에 맴돌았고, 밀라노 대성당의 첨탑을 올려다보며 레오나르도 다 빈치의 천재성에 압도되었다. 여행이란 단순히 장소를 옮기는 것이 아니라, 시간을 거슬러 올라가 역사 속 인물들과 대화를 나누는 마법 같은 경험이다.

바티칸에서 만난 고대의 천재들
　바티칸 사도궁전, 라파엘로의 걸작 '아테네 학당' 앞에서 나는 완전히 매혹되어 버렸다. 플라톤과 아리스토텔레스가 중앙에서 열띤 토론을 벌이고, 피타고라스는 수학 공식에 몰두하며, 디오게네스는 계단에 누워 세상을 비웃고 있었다. 이들 고대 철학자들의 얼굴을 하나하나 뚫어지게 바라보며 속으로 질문을 던지다가, 어느새 일행을 완전히 놓쳐버렸다.

"당신들은 무엇을 그토록 치열하게 고민했을까요?"

그 순간, 나는 2천 년의 시공간을 뛰어넘어 그들과 함께 진리를 탐구하고 있었다.

폐허가 된 로마제국의 유적지를 걸으며 영화 〈글래디에이터〉와 〈벤허〉의 장면들이 겹쳐졌다. 스페인광장에서는 〈로마의 휴일〉 속 오드리 헵번과 미소를 교환했다. 이것이 바로 내가 여행에서 찾는 특별한 즐거움이다.

베네치아에서 만난 역마살의 끝판왕

곤돌라가 베네치아의 미로 같은 수로를 가로지를 때, 중세 해상무역의 패권을 쥐고 있던 상인들의 우렁찬 목소리가 물결 위로 울려 퍼지는 듯했다. 셰익스피어의 《베니스의 상인》에서 샤일록과 안토니오가 벌였던 그 치열한 갈등, 그리고 포샤의 재치 넘치는 판결이 눈앞에 생생하게 펼쳐졌다. 그런데 정작 셰익스피어는 베네치아에 한 번도 방문한 적이 없다. 작가의 상상력 속에서 그려진 창작물이란 점이 더욱 흥미롭다.

"당신은 정말 동양의 신비를 서구에 처음 전한 그 모험가가 맞습니까?"

마르코 폴로의 생가를 올려다보며 던진 나의 질문이다. 고급 프랑스 홍차 브랜드로도 사랑받는 '마르코 폴로'처럼, 그는 진정한 '역마살의 끝판왕'이었을 것이다. 그의 여행 취향과 관심사가 무엇이었을지 궁금했다.

비발디의 걸작 〈사계〉가 흘러나오는 듯한 산 마르코 성당 앞에서 발걸음이 절로 멈췄다. 나폴레옹이 이 광장을 '세상에서 가장 아름다운 응접실'이라고 극찬했다는데, 과연 그럴 만했다. 묵직한 에스프레소 한 잔으로 잠시 쉬어가며, 시간이 켜켜이 쌓인 이 도시의 이야기에 귀를 기울였다. 사진만 찍고 바로 발걸음을 옮기기에는 이 장소의 의미가 내게 너무 무거웠다.

밀라노, 융합형 인재 다 빈치

뾰족한 첨탑들이 하늘을 찌를 듯 솟아오른 밀라노 대성당은 고딕 건축의 완벽한 교과서였다. 성당 옆길로 접어들자, 세계 패션의 심장부답게 명품 매장들이 화려한 불빛으로 거리를 수놓고 있었다. 프라다, 베르사체, 아르마니, 돌체 앤 가바나는 물론이고, 피렌체의 구찌와 페라가모, 로마의 발렌티노와 펜디까지. 로마제국의 영광은 역사 속으로 사라졌지만, 이탈리아의 미적 감각은 여전히 세상을 매혹시키고 있었다.

레오나르도 다 빈치 박물관에서 나는 완전히 다른 차원의 경이로움을 맛보았다. 과학자, 발명가, 건축가, 조각가, 화가, 음악가, 해부학자, 천문학자까지…. 그야말로 '르네상스형 인간'이자 현대판 융합인재의 완벽한 표본이었다.

"당신은 어떻게 그 모든 분야에서 천재가 될 수 있었습니까?"

근대 이후 전문화와 세분화의 길을 걸어온 학문이 이제 다시 융합을 향해 나아가고 있다. 문·이과의 전통적 경계를 허문 것도 그러한 맥락이었으니, 우리나라에서도 다 빈치 같은 융합형 인재들이 더 많이 나오기를 기대해 본다.

파리, 지성들의 아지트에서

어느새 우리 일행은 스위스 인터라켄에 발을 디뎠다. 해발 4,158미터, 융프라우 정상에 올랐을 때의 그 순간을 잊을 수 없다.

일행 중 둘이 고산병으로 괴로워했지만, 나머지는 눈보라가 휘몰아치는 알프스의 웅장한 풍경을 배경으로 컵라면을 끓여 먹었다. 한국에서 수출한 신라면이었다. 외국인들도 그 맛에 사로잡혀 있었다. 천상의 절경을 바라보며 후루룩 마신 한국 라면의 그 맛이란! 말로는 형용할 수 없을 만큼 감동적이었다.

수많은 국제기구가 터를 잡은 스위스답게, 산과 호수가 어우러진 풍경은 그야말로 한 폭의 수채화 같았다.

우리를 태운 파리행 기차가 힘차게 속도를 올렸다. 베른을 지나 프랑스 영토로 들어서자, 창밖으로 나지막하게 펼쳐진 광활한 들판이 끝없이 스쳐 지나갔다. 황금빛 밀밭, 초록빛 옥수수밭, 그리고 줄지어 선 포도밭까지. 이 장면들을 보며 유럽 최대 농업국 프랑스의 저력을 새삼 실감할 수 있었다.

파리에서 우리는 각자 취향대로 여행하고, 저녁에 모여 함께 식사하며 하루의 일과를 나누기로 했다. 함께 한 10명의 일행은 취향대로 뿔뿔이 흩어졌다.

베르사유 궁전으로 가는 길에는 몇 명의 선생님들이 동행했다. 금장으로 화려하게 장식된 궁전의 위엄과 끝없이 펼쳐진 정원 속에서 루이 14세가 누렸을 절대권력의 무게를 가늠할 수 없었다.

마리 앙투아네트의 침실에서는 혁명의 전조를 감지했다. 구체제의 모순에 저항했던 시민들의 함성이 궁전 곳곳에서 메아리치는 듯했다. 당시 왕은 밖으로 난 창에 기대어 시민들의 함성을 들으며 어떤 생각에 잠겼을까. 아마도 이 권력이 영원할 것이라는 착각에 빠져 있었을지 모른다.

루브르 박물관, 그리고 데카르트

루브르 박물관은 몇 시간 만에 포기했다. 진품 모나리자를 스쳐 지나가듯 본다고 해서 특별한 감흥이 있을 리 없었다. 어차피 겉핥기라면 차라리 다음을 기약하는 게 낫다고 생각했다.

대신 나는 생제르맹 거리의 카페 레 되 마고와 카페 드 플로르로 향했다. 여기서부터는 나 혼자다. 발걸음이 더 빨라졌다. 내 취향대로 맘대로 가보자.

19세기 후반에 문을 연 이 카페들은 알베르 카뮈, 어니스트 헤밍웨이, 피카소, 시몬 드 보부아르, 장 폴 사르트르 등 당대 최고의 지성들이 아지트처럼 드나들던 곳이다. 어찌 이곳을 그냥 지나칠 수 있겠는가. 카페로 가는 길에 생제르맹 데 프레 수도원이 눈에 들어왔다. 합리주의 철학자 르네 데카르트의 유해가 안치된 파리에서 가장 오래된 수도원이다.

"나는 생각한다. 고로 존재한다."

데카르트의 유명한 명제를 되뇌며, 문득 궁금해졌다. 그가 전통적인 형이상학과 신학적 세계관을 뿌리째 뒤흔들었을 때, 당대의 지식인들은 과연 어떤 반응을 보였을까.

카페에서 만난 20세기의 거장들

레 되 마고 한쪽 구석에 자리를 잡고 카푸치노를 시켜놓았다.

《이방인》,《페스트》,《시지프 신화》로 부조리에 저항했던 카뮈의 날카로운 시선을 음미했다. 1차 대전 종군기자였던 헤밍웨이가 전쟁 후 파리에 머물며 이곳에서 프랑스 사상가들과 교류했다는 사실이 흥미로웠다.

《노인과 바다》,《무기여 잘 있거라》,《누구를 위하여 종은 울리나》…. 그의 작품들이 당대의 허무주의를 잘 드러내지만, 문체는 가볍게 달리는 마라토너의 발걸음처럼 리드미컬하고 생동감이 넘친다. 마르셀 프루스트나 찰스 디킨스의 숨 막히도록 긴 호흡과는 완전히 다른 결이다.

"당신들은 이 카페에서 어떤 이야기를 나누었습니까?"

보부아르와 사르트르의 계약 결혼, 그들이 나눈 토론의 내용이 궁금했다. 니체가 신의 죽음을 선고한 이후 허무주의가 팽배했던 시대에, 주체로서의 인간 존재를 강조했던 실존주의 철학자들의 대화를 엿듣고 싶었다.

혁명의 흔적을 찾아서

바스티유 감옥 터에서는 아쉽게도 흔적조차 찾을 수 없었다. 감옥은 혁명 당시 철거되었고, 지금은 광장 이름으로만 남아 있다는 사실을 그제야 알았다. 대신 광장 중앙의 52미터 높이 기념탑이 1830년 7월 혁명을 기리고 있었다. 흩뿌리는 빗속에서 바스티유 터를 바라보니, 루이 16세의 핏빛 왕관이 내동댕이쳐지는 모습이 보이는 듯했다.

"자유, 평등, 박애를 외쳤던 민중들의 함성이 들리십니까?"

왕권과 신분제를 무너뜨린 프랑스 민중들의 격렬한 함성이 환청처럼 귓가에 맴돌았다.

판테온, 영웅들의 안식처

소르본 대학 캠퍼스를 걸으며 마리 퀴리, 장 피아제, 에밀 뒤르켐, 질 들뢰즈 등 수많은 프랑스 지성들의 학문적 열정과 고뇌에 저절로 고개가 숙여졌다. 판테온 지하 묘지로 내려가는 내내 옷깃을 여미고 발걸음을 조심스럽게 옮겼다. 신성한 기운에 완전히 압도되었다.

노벨 물리학상과 화학상을 수상한 마리 퀴리가 남편 피에르와 함께 잠들어 있었고, 드레퓌스 사건의 한복판에서 언론의 자유를 외쳤던 에밀 졸라와 '레미제라블'의 빅토르 위고가 서로 마주 보며 안장되어 있었다. 계몽주의 사상가 볼테르의 석관 앞에 서는 심장이 빨라졌다.

지하 묘지 한가운데 자리한 커다란 목관이 발걸음을 이끌었다. 사회계약론자 장 자크 루소의 관이었다.

"사유 재산제를 없애면 인간 불평등이 사라집니까?", "대의제

민주주의의 문제점을 통찰한 당신의 예리한 시각은 어디서 나온 것입니까?", "에밀에서 꿈꾸던 이상적 교육이 어떻게 가능하겠습니까?"

죽은 사상가를 내 마음대로 초빙하여 대화를 나누는 것. 가슴 벅찬 지적 희열이다.

소르본 대학 앞 오귀스트 콩트의 동상을 그냥 지나칠 수 없었다. 사회학의 창시자이자 실증주의 사회과학의 아버지가 아닌가. 막스 베버, 에밀 뒤르켐, 카를 마르크스 등이 더 큰 업적을 남겼지만, 콩트의 위상은 여전히 변함없다. 대학 1학년 사회학 개론 시간에 처음 만났던 사상가를 그가 살았던 곳에서 만나 대화한다.

파리고등사범학교 앞에서는 경외심이 절로 들었다. 루이 알튀세르, 미셸 푸코, 자크 데리다, 앙리 베르그송, 피에르 부르디외, 토마 피케티…. 전 세계 사회과학도들에게 지적 자극을 준 친숙한 이름들이 모두 이 학교 출신이라니! 도서관에 들어가 책 냄새라도 맡아보고 싶었지만 아쉽게도 그날은 출입 불가였다.

시간을 넘나드는 지적 여행

센 강이 보이는 도로를 달리며 LVMH 본사를 지났다. 루이뷔통과 모엣 헤네시의 합병으로 탄생한 세계 최대 패션그룹, 시가총액 650조가 넘는 거대 기업이다. 헤네시, 디오르, 펜디, 지방시, 겐조, 루이 뷔통, 셀린느…. 프랑스 명품 산업을 선도하는 LVMH의 아르노 회장은 미국의 일론 머스크와 세계 부자 1위 자리를 놓고 앞서거니 뒤서거니 하는 인물이다.

2023년 봄, 마크롱의 연금 개혁에 반대하는 파리 시위대가 LVMH 본사에 난입했던 사건이 떠올랐다. 센 강이 아무리 탁하고 소매치기가 들끓는다 해도, 파리는 여전히 향수와 패션, 명품의 도시다.

사진첩을 넘기듯 회상하는 유럽의 추억이 벌써 10년 전 일이라니. 하지만 기억 속에 깊이 각인된 여행의 추억은 시간이 흐를수록 더욱 선명해진다. 어느 곳에 가든 그곳에 스며들어 있는 '인물들'의 발자취를 찾아 향기를 맡아보는 습관은 여전하다.

시간과 공간을 넘어 지성들과 교감을 나누는 지적 희열, 이것은 맛본 사람만이 안다. 낯선 곳에서 던지는 질문들이 얼마나 소중한 선물인지를. 이제 또 다른 낯선 곳, 미국에서 세계를 품는 질문들을 마음껏 던져 보자.

05
낯섦과 친숙함 사이에서

우리는 참 이상한 존재다. 낯선 여행지에 대해서는 온갖 정보를 수집하며 설렌다. 하지만 매일 발을 딛고 사는 동네에 대해서는 놀랍도록 무지하다. 아이러니다. 멀리 있는 것은 보이고 가까이 있는 것은 보이지 않는다.

처음 만나는 사람에게는 MBTI까지 캐묻지만, 20년을 함께 산 가족의 취향조차 모른다. 익숙함이 주는 착각. 안다고 착각하니까 더 이상 알려고 하지 않는다.

땅도 마찬가지다. 매일 밟고 다니는 땅, 매일 숨 쉬는 공기에 대해서는 무관심하다.

가까운 것에 눈멀다

나는 용인에 산다. 대부분의 사람들이 용인 하면 에버랜드와 민속촌을 떠올린다. 골프장, 백암순대, 외대부고…. 그런데 용인 곳곳에 '포은'이라는 이름이 붙은 도로와 건물들이 있다는 걸 아는 사람은 얼마나 될까? 궁금하지 않은가?

포은 정몽주. 고려 말의 충신이다. 그의 고향은 경상북도 영천이고, 죽은 곳은 개성 선죽교다. 그런데 왜 용인에 그의 흔적이 남아 있을까?

정몽주는 1392년 선죽교에서 이방원의 철퇴에 맞아 죽었다. "이 몸이 죽고 죽어 일백 번 고쳐 죽어." 단심가 한 수를 남기고 죽었다. 그 시신을 고향으로 옮기던 길이었다. 상여 행렬이 용인 땅에 이르렀을 때 갑자기 바람이 불었다. 명정이 날아가 죽전 대지고개를 넘어 능원리에 떨어졌다. 신기한 일이 벌어졌다. 상여가 더 이상 움직이지 않는 것이다.

전설일 수도 있다. 하지만 묘는 있다. 포은대로가 있고 포은 아트홀이 있다. 600년 전 그 죽음이 오늘도 이 땅을 적시고 있다. 포은대로를 지날 때마다, 포은 아트홀을 지날 때마다, 우리는 600여 년 전의 그 순간과 만나고 있는 것이다.

조광조. 조선 전기의 개혁가다. 기묘사화로 죽었다. 왕의 총애를 받다가 왕에게 버림받았다. 권력의 칼날에 목이 잘렸다. 그런데 그가 묻힌 곳이 용인이다. 심곡, 문정, 정암…. 용인 곳곳의 지명들이 모두 이 한 사람과 연결되어 있다. 심곡서원은 흥선대원군의 서원철폐령에도 살아남았다. 문정은 그의 시호다. 정암은 그의 호다.

생각해보라. 심곡초등학교를 나와 문정중학교를 졸업한 학생이 고등학교에서 기묘사화를 배운다면? 교과서 속 역사가 갑자기 살아 움직이는 현실이 될 텐데. 하지만 대부분은 그냥 지나친다. 그 이름이 누구에서 나온 것인지 모르고 다닌다. 호기심이 없기 때문이다.

땅이 말하는 이야기, 우리가 듣지 않는 목소리

2021년 여름이었다. 코로나로 세상이 멈춰 있을 때였다. 교내 시사 퀴즈대회를 준비하고 있었다. 원어민 교사 M 선생님이 문제를 하나 내주었다.

"학교 바로 뒤 모현읍에 있는 조선시대 학자의 묘는? 이분이 1800년에 쓴 《태교신기》는 조선시대 여성이 쓴 최초의 태교서이다."

정답은 사주당 이씨였다. 그 순간 충격이었다. 이 문제를 출제한 이는 미국에서 온 외국인이었는데 우리 동네 역사를 나보다 더 잘 알고 있었던 것이다. 부끄러웠다. 뒤통수를 맞은 기분이었다.

등잔 밑이 어두웠다.

용인에는 이런 이야기들이 무수히 많다.

숙종 때 문신 남구만. "동창이 밝았느냐 노고지리 우지진다." 그 시조를 지은 사람도 이 땅에 묻혀 있다. 몽골군 적장 살리타를 사살한 승장 김윤후. 처인성 전투의 영웅. 그 전투터가 바로 가까이에 있다. 을사늑약에 항거해 죽은 충신 민영환. 《홍길동전》을 쓴 소설가 허균. 조선 최고의 여류 시인 허난설헌. 모두 이 땅과 인연이 있다.

땅이 말한다. 사람들은 듣지 않는다. 백남준 아트센터가 있고 호암미술관이 있다. 장욱진의 고택이 있다. 온갖 박물관들이 있다. 문화가 흐르고 예술이 숨 쉰다. 그런데 우리는 얼마나 알고 있을까?

발밑 땅을 알고 세계를 품어라

전국에서 모인 수재들이 이곳에 온다. 3년 동안 공부한다. 좋은 대학을 찾아 떠난다. 멀리 미국으로도 가고 영국으로도 간다. 그런데 제 발밑 땅은 모르고 간다. 안타깝다.

잠들어 있던 호기심의 날개를 펼쳐 보라. 여러분이 디딜 이 땅에는 수많은 이야기가 숨어 있다. 알면 보인다. 그때 보이는 것은 전과 다르게 다가온다.

그런 호기심과 상상력을 품고 미국 땅을 밟는다면, 여러분의 세계는 얼마나 더 넓어질 것인가.

땅은 기다린다. 사람들이 알아주기를. 땅은 기억한다. 사람들이 잊은 것까지도.

인문학으로 꽃 피운 노벨상
시카고 대학교

　미국 대학 방문 일정이 확정되자, 국제부 선생님들의 손놀림이 분주해졌다. 대학별 미팅 약속을 잡는 것이 급선무였다. 휴가철과 겹쳐 녹록지 않은 일정이었지만, 미국 동부 명문 대학들과의 미팅은 착착 잡혀갔다. 이동 동선에 맞춰 항공권과 숙소 예약도 마쳤다. 항공권은 직항 대신 경유 노선을, 숙소는 호텔 대신 에어비앤비를 선택해 예산을 아꼈다.
　김 부장, 안토니 선생과 사전 미팅을 가졌다. 두 선생님의 준비는 빈틈이 없었다. 대학별 특징은 물론, 해당 대학에 진학한 졸업생들의 성향과 데이터를 정리해 두었고, 공통 질문과 대학별 맞춤 질문까지 야무지게 준비되어 있었다. 이 정도면 성공적인 미팅을 기대해도 좋을 듯했다.

세상의 중심을 향하며

이번 출장을 함께한 우리는 모두 각자의 위치에서 '첫 경험'이었다. 김 선생은 2024년 처음으로 국제부장을 맡았고, 안토니 선생은 2023년 2학기에 부임했다. 나 역시 교감으로서는 처음 밟는 미국 대학 방문길이었다. 그러나 준비는 치밀했고, 마음은 든든했다. 짬이 날 때마다 미국 지도를 펼쳐놓고 방문할 도시와 대학을 들여다보았다.

2024 IACAC(국제대학입학카운슬러협의회) 연차 총회는 7월 9일부터 12일까지, 캐나다 온타리오 주 런던시에 있는 웨스턴 대학교에서 열렸다. 전 세계 140개국 3,800여 명의 입학 담당자들이 참여하는 행사였다. 김 부장과 안토니는 8일에 미리 출국했고, 나는 학기말고사 종료 후 13일에 필라델피아에서 합류하기로 했다.

13일 아침, 앱으로 예약한 공항버스에 올랐다. 스마트폰을 갖다 대니 자동 결제가 이뤄졌고, 기내 모바일 티켓도 미리 발권해 두었다. 짐 부치는 일부터 출국 심사까지 모든 과정이 '셀프'로 이뤄졌다. 여권은 내가 스캔했고, 지문인식기를 거치자 자동문이 열렸다. 주민센터에서 등록한 내 지문 정보가 출입국사무소와 실시간으로 연결되어 있었다. 다이소와 마트에서 고객이 직접 결제하고 직원은 바라만 보듯이, 공항 시스템도 그런 식으로 바뀌었다. 기술 변화 속도가 어지러울 정도로 빠르다.

공항 라운지에서 간단히 허기를 달랬다. 빈 그릇을 수거하는 AI 로봇이 조용히 테이블 사이를 지나갔다. 계산, 주문, 서빙, 조리… 인간의 노동을 대체하는 로봇의 보폭은 점점 더 넓어지고 있다. 이제는 튀김도 로봇이 하고, 커피도 바리스타 로봇이 만든다. 일상의 혁명, 그 한가운데에 서 있었다. 문득 이런 생각이 스쳤다. 과연 AI의 발전이 인간을 더 행복하게 만들고 있는가? 인류는 AI와의 공존을 위한 지혜를 내놓을 수 있을까?

보잉 747 대형 비행기의 좌석 B에 앉았다. 왼쪽에는 히스패닉계 여성, 오른쪽에는 유학생으로 보이는 한국인 여대생이 앉아 있었다. 기내식으로 한국식 묵밥에 불고기, 비프스테이크와 누들이 나왔다. 나는 스테이크를 골랐다. 왼편 여인은 한국 음식을 선택해 맛있게 먹고 있었다. 그가 묵의 정체를 알고 먹는지는 모르겠지만, 요즘 한국 음식이 전 세계에서 인기다. 김은 없어서 못 팔 지경이고, 불닭볶음면과 비비고는 세계인의 입맛을 사로잡고 있다. 격세지감이 아닐 수 없다.

비행기는 베링해협을 건너 날짜 변경선을 넘었다. 시차 14시간. 한국에서의 저녁은, 미국 중부 상공에서는 아침이었다. 시카고 오헤어 공항에 도착하자 이민국 앞에 사람들이 길게 줄을 섰다. 혹시 세관 직원의 태도가 딱딱하진 않을까 걱정했지만, 영국 작가 찰스 디킨스의 말을 떠올리며 마음을 다잡았다.

"미국 세관은 친절과 배려, 유쾌한 재치로 외국인을 맞는다. 우리 정부 부처는 미국을 본받을 필요가 있다."_찰스 디킨스, 《아메리칸 노트》

영국과 프랑스, 미국의 공공 서비스 문화를 비교한 디킨스의 말은 19세기 것이지만, 지금 읽어도 여전히 생생하다. 입국 심사는 무탈했다. 목적과 체류 기간만 간단히 묻고, 웃음기 어린 얼굴로 통과시켜 주었다.

산업과 물류의 중심 도시, 시카고

오헤어 공항은 늘 붐비지만, 공기에는 여유가 있었다. 환승 수속을 마치고 잠시 쉬는 틈에 커피 한 잔을 들고 창밖 시카고의 하늘을 바라보았다. 짧은 여유지만 달콤했다. 단지 경유지에 불과하지만, 내게 시카고는 가볍게 다가오지 않았다. 하늘을 바라보며 깊은 상념에 빠져들었다. 흘러넘치는 호기심을 주체할 수 없었다.

시카고는 일리노이 주 최대 도시다. 인구 약 270만 명, 도시권 인구는 약 980만 명에 이른다. 미국에서 뉴욕과 LA 다음으로 큰 도시다. 동쪽이 바다처럼 펼쳐져 있지만, 그것은 바다가 아니라 오대호 중 하나인 미시간 호다. 기후는 혹독하다. 여름의 폭염과 겨울의 혹한이 서울보다 심한 곳이다.

시카고는 미국 산업 자본주의의 심장부이자 중서부 경제의 대동맥이다. 뉴욕이 금융의 수도라면, 시카고는 실물경제의 최전선이다. 세계 최대의 선물·옵션 거래소인 시카고 상품 거래소(CME), 시장의 공포와 기대를 수치화한 변동성 지수(VIX)의 출처인 시카고 옵션 거래소(CBOE) 모두 이 도시에 뿌리를 두고 있다.

시애틀이 스타벅스의 고향이라면, 시카고는 맥도날드의 탄생지다. 유나이티드 항공, 몬델리즈, 크래프트 하인즈, 모토로라, 시스코, GE 헬스케어 등 글로벌 본사가 이곳에 몰려 있는 건 우연이 아니다.

노벨상 대거 배출, 시카고학파의 산실

하지만 시카고의 진정한 자긍심은 무엇보다 시카고 대학교에 있다. 시카고 대학교는 연구 중심 대학의 정점에 선 존재다. 문학과 정치학, 법학, 수학, 사회학, 생명과학까지 모든 학문 분야에서 이 대학은 자기만의 독자적 세계를 구축해 왔다.

특히 경제학에서 '시카고학파'는 하나의 시대를 정의했다. '샤워실의 바보 이야기'로 유명한 밀턴 프리드먼을 비롯해, 조지 스티글러, 유진 파마, 리처드 탈러 등 노벨 경제학상을 휩쓴 거물들이 이곳에서 강의하고 토론했다.

오스트리아 출신 하이에크는 시카고대 사회사상위원회에서 활동하며 경제학자들과 깊은 지적 교류를 나눴다. 그의 자유주의적 통찰은 밀턴 프리드먼 등과 맞닿으며 케인스주의에 대한 비판의 지적 기반이 되었고, 이는 훗날 1980년대 신자유주의 물결, 곧 레이거노믹스와 대처리즘으로 이어졌다.

이 학교의 정치학은 이론과 실천을 겸비했다. 버락 오바마 전 대통령이 로스쿨에서 헌법학을 가르쳤고, 한국 전쟁 연구의 권위자인 브루스 커밍스는 이곳 역사학과 교수를 역임했다. 법과 정치, 철학과 경제, 역사와 윤리. 그 모든 것이 격렬한 논쟁 속에서 교차한다. 시카고는 질문을 멈추지 않는 도시이고, 시카고 대학교는 그 사유의 투기장이다.

시카고 대학교의 부스 경영대학원 역시 펜실베이니아대의 와튼, NYU의 스턴, 하버드 경영대학원 등과 함께 세계 최고 수준의 MBA 과정으로 평가받는다. 대표적으로 마이크로소프트의 CEO 사티아 나델라가 부스 경영대학원에서 MBA 학위를 받았다.

물리학과에서도 시카고는 혁신의 요람이었다. 엔리코 페르미는 이곳에서 인류 최초의 핵 연쇄 반응 실험에 성공했고, 그 업적은 맨해튼 프로젝트로 이어졌다. 원자폭탄이라는 문명의 양날 검은 이 도시의 실험실에서 날이 벼려졌다. 오펜하이머가 수없이 드나들었을 오헤어 공항은, 인류의 빛과 어둠이 교차한 현장이기도 하다. 인류 최초의 화성탐사선 패스파인더 계획을 주도했던 우주 과학자 겸《코스모스》의 저자 칼 세이건은 시카고에서 물리학을 전공한 뒤 천문학으로 박사 학위를 받은 천재 과학자이다. 그는 이곳에서 공부를 마치고, 코넬 대학교에서 오랫동안 제자들과 함께 우주의 꿈을 그렸다.

시카고 대학교는 인류 문명의 진보와 위기를 동시에 견인한 학문의 전장이다. '신의 입자'와 '시장 자유'라는 이름으로 인간의 존엄과 책임을 논한 곳. 그러니 이곳에선 질문 하나가 세상을 뒤흔들 수 있다.

인문학의 힘을 꽃피운 '시카고 플랜'

시카고 대학교의 학문적 독보성은 '시카고 플랜'에서 뿌리를 찾을 수 있다. 로버트 메이나드 허친스 총장이 1929년 도입한 이 계획은, 고전 독서를 교양이 아니라 민주 시민의 의무로 간주했다. 학생들은 플라톤의《국가》, 아리스토텔레스의《정치학》, 호메로스의 서사시부터 아우구스티누스와 홉스, 로크, 토크빌, 마르크스, 프로이트에 이르기까지 100권의 고전을 읽고 토론하며 대학 2학년까지 인문학적 기초를 다지도록 했다. 전문성과 실용을 앞세운 근대 학문에 맞서, 허친스는 인간의 본질을 묻는 교양 교육의 깃발을 들었다. 분절과 분업의 학문 체계 속에서 그는 전체를 보는 눈, 통섭의 감각을 되살리고자 했다.

비록 시카고 플랜은 그의 퇴임 이후 사라졌지만, 그 정신은 여전히 살아 있다. 인공지능이 일상 언어와 사고마저 대체하려는 시대에, 고전을 읽고 인간의 본성을 사유하는 일은 더욱 절실하다. 시카고는 이미 오래전부터 이 질문을 붙잡고 씨름해 온 도시다.

'무엇이 인간을 인간이게 하는가', AI 시대에 우리가 다시 돌아가야 할 근본이 있다면, 그것은 시카고 대학교의 도서관 깊숙한 서가 어딘가에 있을지 모른다.

질문과 토론이 넘치는 사유의 투기장

사람들은 시카고를 어떻게 기억할까? 뮤지컬 〈시카고〉나 영화 〈나 홀로 집에〉를 떠올릴지도 모른다. NBA 시카고 불스, 마이클 조던의 신들린 드리블, 108년 저주를 깨고 메이저리그 월드 시리즈에서 우승한 컵스의 환호성도 떠오를 것이다. 최근 세대는 방송인 타일러 라쉬를 떠올릴지도 모르겠다. 시카고 대학교를 졸업하고 서울대 외교학 석사까지 마친 그의 경력이 시카고와 서울을 잇는다.

무엇보다도 시카고를 가장 시카고답게 만드는 상징적 존재는 시카고 대학교이다. 이 학교는 여기저기 질문이 굴러다니고, 논쟁이 화염처럼 번지는 곳이다. 로마의 검투사들이 투기장에서 창과 방패로 격돌했듯, 시카고 대학의 교실에선 질문과 반론이 날을 세운다. 여긴 논쟁이 스포츠처럼 벌어지고, 침묵보다 이견이 환영받는 지적 투기장이다. 설득이 아니라 승복 없는 설전이 일상인 곳, 그것이 시카고의 토론 문화다.

시카고의 학풍은 늘 싸움이었다. 막연한 동의보단 분명한 이견을, 침묵보단 명확한 반론을 택한다. 누가 물었다. "시카고에서의 토론은 왜 항상 전투 같냐"고. 교수는 짧게 대답했다. "우린 설득당하러 온 게 아니라, 설득하러 왔기 때문입니다."

시카고 플랜의 교육적 지향점은 '생각하는 인간을 만드는 것'이었다. 시대를 넘어 사람을 이해하고 세계를 해석하는 근본 구조를 다시 묻는다. 철학과 문학, 수학과 정치, 물리학과 윤리. 모든 학문은 질문에서 출발해 질문으로 돌아온다.

고전에서 길을 묻는 시카고의 철학

시카고 대학의 문턱은 높고, 요구되는 지적 몰입과 사유의 깊이는 심오하다. 단지 GPA와 SAT만으로는 들어설 수 없다. 시카고는 지원자의 내면과 세계관까지 읽어낸다. 그것이 이 대학의 'holistic review(종합적 평가)' 방식이다.

그럼에도 외대부고는 시카고와 통한다. 질문과 논리, 발표와 토론의 문화가 일상화된 외대부고 교실은 시카고 대학교의 지적 전당을 미리 경험하는 훈련장과 다름없다. 고전을 읽고, 공동체를 고민하고, 논쟁을 감내하며 성장해 온 학생이라면, 시카고의 질문에 맞설 준비가 되어 있는 것이다.

외대부고의 교정에서 끊임없이 이어지던 각종 발표와 세미나, 학문의 융합과 인문학 고전 읽기, 소크라틱 디베이트 포럼과 유레카 리서치 프로젝트, 싱크 탱크 얼티메이텀과 리딩클럽의 풍경은, 사유의 격투장과도 같은 시카고 대학의 학풍과 유사하다. 이곳엔 단정적인 결론보다 복잡한 가정, 완벽한 해답보다 날카로운 문제의식이 더 환영받는다.

인공지능이 하루가 멀다 하고 경계를 넘고, 정보는 클릭 한 번으로 범람한다. 그런 시대에 시카고는 되묻는다. "우리는 무엇을 왜 믿는가?" 알고리즘이 취향을 계산하고, 빅데이터가 인간의 선택을 예측하는 이 세상에서, 시카고는 고전 속 한 문장을 들춰내고, 논리의 모순을 집요하게 추궁한다. 이른바 '불편한 진실'과 마주하는 훈련, 기계가 할 수 없는 사유의 영역, 그 마지막 보루를 지키는 곳이 바로 이 대학이다.

오늘날 AI가 인간의 취향과 선택까지 모사하는 시대, 독서와 인문학 교육의 중요성에 대해 시카고에서 길을 묻는다. 과연 "인간은 스스로 생각하고 있는가?"

인문학은 쓸모를 따지지 않는다. 대신, 우리가 왜 살아야 하는지를 묻는다. '왜?'라는 질문 앞에서 인문학은 과학처럼 서둘러 답하지 않는다. 오히려 조용히 되묻는다.

"그 답, 정말 너의 것인가?"

시카고는 그런 질문이 도시의 숨결이 되는 곳이며, 시카고 대학교는 그 질문이 사유로 꽃피는 지성의 성전이다.

미국 중부의 한복판, 뜨거운 햇살이 내리쬐는 이 도시에서 나는 인간을 인간답게 만드는 힘이 무엇인지 다시 묻는다. 그것은 돈도, 기술도, 권력도 아닌 '사유의 힘'이 아닐까. 시카고는 사유의 꽃이 피어난 곳이고, 시카고 대학교는 그 꽃에서 노벨상이라는 열매가 맺힌 나무였다.

The Great Question

● **밀턴 프리드먼**(경제학)

"기업의 사회적 책임은 무엇인가?"

"시장은 스스로 문제를 해결할 수 있는가?"

"정부의 선한 의도는 항상 좋은 결과를 낳는가?"

"정부는 무엇을 해야 하고, 무엇을 하지 말아야 하는가?"

● **유진 파마**(경제학)

"시장은 과연 효율적인가?"

"가격은 현실의 진실을 담보하는가?"

● **리처드 탈러**(행동경제학, '넛지' 이론 제안자)

"우리는 왜 늘 이성적으로 선택한다고 믿으면서도, 늘 같은 실수를 반복하는가?"

"사람들은 왜 최선의 선택보다, 익숙한 실수를 더 편안하게 여기는가?"

- **프리드리히 하이에크(경제학/정치철학)**

  "누가 전체 사회를 설계할 수 있다고 감히 말하는가?"

  "개인의 지식은 제한적인데, 어떻게 중앙 권력이 모든 것을 아는 척할 수 있는가?"

- **브루스 커밍스(역사학/동아시아사)**

  "역사는 누구의 시선으로 쓰이는가?"

  "한반도의 비극은 어디서 시작되었는가, 그리고 누가 그것을 반복하게 만드는가?"

- **엔리코 페르미(물리학)**

  "우주는 이토록 넓고 오래되었는데, 외계 문명의 흔적은 왜 보이지 않는가?"

  "우리가 원자의 심장을 열었을 때, 그 지식은 인류를 구할 것인가, 아니면 파멸로 이끌 것인가?"

🟢 로버트 오펜하이머 (물리학)

"지식의 진보는 인간의 구원인가, 파멸인가?"

"지식이 힘이라면, 그 힘의 윤리는 누가 책임지는가?"

"우리가 신의 영역에 다다랐을 때, 인간은 무엇을 선택해야 하는가?"

🟢 로버트 메이나드 허친스 (법학/교육학)

"지성의 훈련이 없는 민주주의는 과연 가능할 것인가?"

"대학은 무엇을 가르쳐야 하는가? 왜 우리는 고전을 읽어야 하는가?"

진보적 실용 학문의 선구자
펜실베이니아 대학교

스테이크 한 끼에 담긴 미국의 현실

낯선 땅에서의 첫 관문은 뜻밖에도 험난했다. 필라델피아 국제공항의 탁한 공기 속에서 내 캐리어는 끝내 모습을 드러내지 않았고, 초조함이 천천히 심장을 조여왔다. 친절한 안내자 안토니 선생의 도움으로 분실 신고를 마친 뒤 숙소로 향했지만, 하루 내내 캐리어는 묵묵부답이었다. 밤늦게 다시 찾은 공항, 먼지 쌓인 창고 구석에서 등을 돌리고 선 캐리어를 발견했을 때, 나는 마치 재산을 억류당한 채 하루를 버틴 망명자 같았다. 자유의 도시라 불리는 필라델피아에서, 나는 아이러니하게도 자유의 부재를 실감했다.

숙소에 도착하자마자 면도부터 했다. 땀에 젖은 옷을 갈아입으며 비로소 낯선 하루의 껍질을 벗겨내는 기분이었다. 그제야 창밖의 풍경이 눈에 들어오기 시작했다. 우버 창 너머로 펼쳐진 거리에는 붉은 벽돌과 흰 석재, 녹색 블라인드와 황금색 간판들이 뒤섞여 있었다. 찰스 디킨스가 묘사한 180년 전 미국의 인상이 이 도시에 아직도 숨 쉬고 있었다.

고된 일정의 피로를 달랠 겸 처음으로 제대로 된 식사를 하기로 했다. 저녁을 해결하기 위해 들렀던 필라델피아 시내 레스토랑에서 마주한 청구서는 냉정했다. 스테이크 몇 접시와 맥주 몇 잔에 234달러, 팁까지 더하니 한화로 35만 원에 육박했다. 처음엔 20만 원이면 충분하리라 생각했건만, 미국의 물가는 내 얕은 추정을 냉소하듯 비켜갔다. 코로나 팬데믹 시절 하늘에서 뿌려진 달러가 이제 고깃값이 되어 우리 지갑을 조여온다.

하지만 그 비싼 저녁이 아깝지 않았다. 안토니 선생, 김 부장과 함께 나눈 대학 이야기들은 그 어느 진수성찬보다 깊고 넉넉했다. 접시 위에는 고기와 감자뿐이었지만, 우리가 나눈 대화는 세상을 움직이는 힘에 대한 것이었다.

자유의 종이 울리고 헌법이 탄생한 도시, 필라델피아

'펜의 숲'이라 불리는 이 땅은 퀘이커 교도 윌리엄 펜의 이상에서 출발했다. 목사도, 십자가도, 장엄한 설교도 없이, 조용한 침묵 속에서 신과 마주하던 이들은 비폭력과 평등, 반전을 신념으로 삼았다. 필라델피아 – 필로스(사랑)와 아델포스(형제) – 그 이름부터가 선언이었다. 형제를 사랑하는 자들이 세운 도시. 그 도시는 미국 민주주의의 요람이 되었다. 1776년, 이곳에서 독립선언서가 낭독됐고, 1787년엔 헌법이 제정되었다. 이상이 체제로 바뀌는 격렬한 실험의 장, 그 실험을 견인한 인물이 바로 벤저민 프랭클린이다.

프랭클린은 미국을 만든 사람이다. 출판업자이자 과학자, 외교관이자 정치가, 그리고 교육자였던 그는 미국적 실용주의의 화신이었고, 그 정신을 제도화한 결과물이 바로 펜실베이니아 대학교다. 100달러 지폐 속 그의 얼굴은 단순한 초상이 아니라, 이 나라가 누구의 정신 위에 세워졌는지를 웅변한다.

진보와 모순이 교차하는 '최초의 도시'

이 도시는 미국 최초의 공공도서관, 의과대학, 중앙은행, 증권거래소를 품었고, 헌법이 실제로 설계된 장소이기도 하다. 시청을 중심으로 방사형으로 뻗은 거리와 네 개의 공원은, '질서 있는 자유'를 꿈꾸었던 윌리엄 펜의 도시 설계가 낳은 유산이다.

그러나 이 찬란한 도시도 현실의 무게를 피해갈 수는 없었다.

인종 갈등과 계층 분리, 산업 쇠락의 흔적이 곳곳에 남아 있다. 중심가를 벗어나면 버려진 공장과 붕괴된 주택, 무너진 것들이 살아 있는 것보다 더 눈에 띈다. 진보의 첫 발걸음을 내디딘 도시가, 이제는 미국 사회의 모순을 가장 먼저, 가장 적나라하게 드러내는 거울이 되었다.

젊음과 실험이 살아 숨 쉬는 교육의 도시

그럼에도 필라델피아는 젊음이 생동하는 도시이다. 교육 도시답게 도심 곳곳에 대학이 포진해 있다. 세계적인 명문 펜실베이니아 대학교를 필두로 템플 대학교, 드렉셀 대학교, 토마스 제퍼슨 대학교, 필라델피아 대학교, 세인트 조셉 대학교, 라살 대학교까지. 무려 열 곳이 넘는 고등교육기관이 이 도시 안에 둥지를 틀고 있다.

거리에는 책가방을 멘 젊은이들이 끊임없이 오가고, 도서관과 카페는 그들의 공부와 대화로 가득하다. 교육이 이 도시의 숨결이라면, 젊음은 그 맥박이다.

〈록키〉의 도시, 미국적 신화의 역설

필라델피아를 떠올리면 가장 먼저 스치는 장면은 영화 〈록키〉다. 실베스터 스탤론이 연기한 무명 복서 록키 발보아가 필라델피아 미술관 계단을 달려 오르며 두 팔을 치켜드는 모습은, 가진 것 없어도 인내와 노력으로 꿈에 다가갈 수 있다는 미국식 신화를 상징한다.

지금도 수많은 이들이 '록키 스텝'을 오르며 자신의 인생 역전을 꿈꾼다. 하지만 이 도시에는 또 다른 얼굴이 있다. 자유와 포용의 도시였던 필라델피아는 이제 보호주의와 배타주의가 득세하는 이념의 격전지이기도 하다. 2024년 트럼프 대통령이 인근 비틀러에서 대선 유세 중 총격을 당한 사건은, 미국 사회가 얼마나 극단과 긴장 속에 놓여 있는지를 여실히 보여준다. 자유의 종이 처음 울린 도시에서, 그 자유는 여전히 시험대 위에 있다. 필라델피아는 지금, 미국이라는 나라의 복잡한 내면을 고스란히 비추는 거울이다.

프랭클린 정신을 품은 미국 교육의 심장

세계 최강국 미국의 저력은 군사력이나 경제력 이전에 교육력이다. 세계의 지성들이 몰려와 배우고, 연구하고, 다시 세상으로 퍼져나가는 순환의 중심에 유펜이 있다. 유펜은 단순히 오래된 명문이 아니다. 실용적 지식의 씨앗을 뿌린 진보적 대학이며, 프랭클린의 사상을 교육이라는 제도로 구현한 모델이다.

그는 라틴어보다 영어를, 신학보다 과학을, 교리보다 실천을 가르치고자 했다. 하버드와 예일이 성직자를 길러내던 시절, 그는 대학을 삶을 개선하는 '지혜의 공장'으로 보았다. 그 정신은 지금도 유펜의 캠퍼스에 살아 숨 쉰다.

유펜은 단순한 명문 대학이 아니다. 벤저민 프랭클린(1706~1790)이 설립한 이 학교는 한 사람의 실용적 지성과 진보적 이상이 제도 속에 어떻게 스며들 수 있는지를 보여준다. 피뢰침을 발명한 과학자이자 사업가, 미국 독립을 이끈 정치가였던 프랭클린은 '행동하는 사상가'였다. 그의 동상은 유펜의 상징처럼 프랭클린 홀 앞에 우뚝 서 있다.

실용주의 DNA가 숨 쉬는 최초의 'University'

간혹 '펜실베이니아 대학교'와 '펜실베이니아 주립대학'을 혼동하기도 한다. 유펜(U-Penn)은 필라델피아 도심에 위치한 사립 종합대학이며, 펜실베이니아 주립대(Penn State)는 주 전역에 퍼진 공립대학 시스템이다. 두 학교 모두 한국 학생들 사이에서 높은 인기를 얻고 있다.

1740년 출범한 유펜은 미국 최초로 'University'란 이름을 쓴 학교였다. 도심형 캠퍼스는 뉴욕대(NYU)를 연상케 하고, "도덕 없는 법률은 공허하다"는 슬로건은 이 대학이 추구하는 인간상을 드러낸다. 경영학, 법학, 공학, 의학, 간호학 등 다양한 분야에서 세계적 경쟁력을 갖춘 배경에는 프랭클린의 실용 정신이 있다. 초대 학장 윌리엄 스미스 목사의 개혁적 이념도 그 철학을 함께했다. 운동부 명칭 '펜 퀘이커스'와 경기장 '프랭클린 필드'는 이 학교가 퀘이커 전통에서 비롯되었음을 상징적으로 보여준다.

컴퓨터가 태어나고 미국 헌법이 만들어진 곳

유펜은 또 다른 최초를 품고 있다. 1946년, 유펜 공과대학에서 세계 최초의 전자 컴퓨터, 에니악(ENIAC)이 탄생했다. 무게 30톤에 달했던 '거인의 두뇌'는 오늘날 디지털 문명의 시작이었다. 금융시스템의 핵심 언어 '코볼(COBOL)' 또한 유펜의 산물이다.

그리고 유펜 로스쿨은 미국 헌법의 숨결이 담긴 공간이다. 프랭클린과 해밀턴, 매디슨, 워싱턴, 제퍼슨… 이들의 이름이 로스쿨의 공기 속에 배어 있다. 유펜은 단지 지식을 축적하는 공간이 아니라, 지식이 현실을 바꾸는 통로였다.

유펜의 자랑스러운 교육 프로그램 중 단연 돋보이는 것은 융합적 리더를 양성하기 위한 노력이다. 문리과학대학, 와튼스쿨(경영대학), 공과대학, 간호대학 등 네 개의 학부와 열두 개의 대학원이 서로의 경계를 허물며 '학문 간 융합'을 추구한다. 그 중심에는 세계 최초의 비즈니스 스쿨인 와튼스쿨이 있다. 1881년 조셉 와튼에 의해 설립된 와튼스쿨은 오늘날에도 마케팅, 재정학,

회계학, 경제학 등 전 분야에서 세계 최고로 평가받는다.

유펜의 특색 프로그램과 세계적 경쟁력

유펜의 진짜 보물은 '사람'이지만, 그 사람을 길러내는 토양 또한 남다르다. 유펜의 특수 학위 과정들은 마치 미래를 향한 교육 실험실 같다. 그중 단연 빛나는 프로그램은 '헌츠만 프로그램(The Huntsman Program in International Studies and Business)'이다. 전 세계에서 단 45명만을 선발하는 이 프로그램은 와튼 스쿨과 문리대의 복수 학위를 제공하며, 경영학과 국제정치학의 교차로를 정밀하게 탐색한다.

이외에도 에너지 문제 해결을 위한 VIPER, 생명과학과 경영을 잇는 LSM, 기술과 비즈니스를 융합한 M&T 프로그램 등은 모두 학문의 경계를 넘어선 융합적 사고를 추구한다. 이들 프로그램의 합격률은 3~6%로 하버드보다도 낮다. 뛰어난 학업 성적은 기본이며, 뚜렷한 교과 외 활동과 수상 경력, 그리고 자신의 서사를 담은 진정성 있는 지원서가 요구된다.

QS 세계 대학 순위 2025년 기준, 유펜은 전 세계 11위, 미국 내에서는 MIT, 하버드, 스탠퍼드, 캘텍에 이어 다섯 번째다. 와튼 스쿨은 물론, 의학, 치의학, 간호학, 심리학, 언어학 등 다양한 분야에서 세계적 권위를 지니고 있다. 특히 간호학은 QS 랭킹에서 수년간 세계 1위를 놓치지 않고 있다.

트럼프와 촘스키, 일론 머스크를 배출한 대학

유펜의 졸업생 명단은 그 자체로 한 권의 현대사다. 도널드 트럼프를 포함한 두 명의 미국 대통령, 세 명의 연방대법관, 32명의 상원의원, 46명의 주지사, 163명의 하원의원이 이 대학을 거쳐 갔다. 그뿐만이 아니다. 미국 독립선언서 서명자 8명, 헌법 서명자 7명, 그리고 14명의 외국 국가 원수, 36명의 노벨상 수상자, 64명의 억만장자도 이 학교의 동문이다.

《월가의 영웅들》의 피터 린치, 트럼프 대통령의 딸 이방카, 테슬라와 스페이스X의 창업자 일론 머스크 모두 유펜의 동문들이다. 세계적 언어학자 노엄 촘스키, 상징적 상호작용론의 사회학자 어빙 고프먼, 그래미 수상 R&B 음악가 존 레전드, 패션 디자이너 토리 버치도 이 대학의 졸업생이다. 세계 최고의 투자자 워런 버핏은 유펜 와튼 스쿨에서 2년간 공부했지만, 학위는 컬럼비아 대학교에서 받았다.

이 다양한 이름들에 공통적으로 흐르는 기질은 단 한 줄로 요약된다. 실용 지성의 정수.

오늘도 유펜의 강단에는 베스트셀러 작가들이 앉아 있다. 《그릿》의 앤젤라 더크워스, 《기브 앤 테이크》, 《오리지널스》, 《싱크

어게인》,《히든 포텐셜》 등 잇단 역작으로 유명한 애덤 그랜트, 그리고 AI 시대를 통찰한 《듀얼 브레인》의 이선 몰릭 교수 등이 그들이다. 한국인 동문으로는 독립운동가 서재필 박사, 물리학자 이휘소 박사, 정치인 안철수, 장하성, 곽노현, 김중수 등이 있다.

졸업생의 삶에 미치는 영향력 면에서도 유펜은 독보적이다. 2023년 〈월스트리트저널〉 조사에 따르면, 유펜은 졸업생 수입 대비 교육 기여도에서 미국 대학 중 1위를 기록했다(99.1점/100점). 명예뿐 아니라 실질적 삶의 질을 끌어올리는 교육, 유펜은 그것을 실천하고 있다.

로커스트 워크에서 와튼까지

캠퍼스를 걷다 보면, 유펜의 상징색인 펜 블루와 펜 레드가 도시의 공기와 자연스럽게 어우러진다. 진한 남청색과 벽돌빛 붉은색이 묘한 조화를 이루며, 필라델피아라는 도시가 이 대학과 결코 분리될 수 없는 하나의 공동체임을 새삼 깨닫게 한다.

입학처 바로 옆, 칼리지 홀 방향으로 발걸음을 옮겼다. 커다란 청동 조각상이 눈에 들어왔다. 필라델피아의 상징이자 유펜의 설립자 벤저민 프랭클린의 좌상이다.

"나는 오늘, 더 나은 사람이 되었는가?"

끊임없이 자신에게 던졌던 이 질문처럼, 그는 평생 성찰하는 삶을 추구했다. 그의 뜻대로, '모두를 위한 지식의 성지'는 이곳에 세워졌다.

칼리지 홀에서 동서로 길게 이어진 길을 따라 와튼스쿨로 향했다. 내가 걷는 이 길이 바로 그 유명한 로커스트 워크(Locust Walk)이다. 캠퍼스 중심을 가로지르는 이 길은 유펜의 시간과 공간을 잇는 혈관과도 같다. 벽돌 건물과 가로수가 어깨를 나란히 한 채 늘어선 그 길 위로, 유펜의 어제와 오늘이 겹쳐 흐른다. 도시와 대학의 경계가 사라지는 바로 그 순간, 필라델피아의 맥박이 고스란히 전해진다.

어느덧 도착한 곳은 와튼스쿨. 세계 최고의 경영대학원 앞에서 걸음을 멈춰 섰다. 강의실과 세미나실, 그룹 스터디룸을 둘러보며 이곳에서 흐르는 공기의 결이 다르다는 것을 느꼈다. 세계를 새롭게 그리려는 젊은 사유들이 서로 부딪히고 조율되는, 살아 있는 지성의 실험실 같았다. 유리창 너머로 비치는 조용한 토론, 빽빽한 화이트보드 위의 숫자들, 그리고 그 사이사이에 스며든 질문들. '성장은 누구를 위한 것인가?', '자본은 가치를 담보할 수 있는가?'

와튼은 숫자와 논리로 무장한 이들에게 동시에 양심과 통찰을 요구하는 곳이었다. 재무제표는 단순한 이윤의 보고서가 아니라, 인간의 선택과 윤리의 흔적까지 담고 있었고, 프레젠테이션은 단지 데이터를 나열하는 것이 아니라 세계를 설득하는 하나의 서사였다.

벤저민 프랭클린이 오늘날 유펜을 다시 설계한다면, 그 심장에는 아마도 와튼이 자리했을 것이라는 생각이 스쳤다. 실용과 철학, 계산과 윤리의 길목에 놓인 이곳은, "세계를 이끌고 싶은가? 그렇다면 세상의 고통을 먼저 이해하라"는 프랭클린의 오래된 질문에 답하려는 현대의 실험장이었다.

숫자 속에 사람이 있었고, 그래프 너머에 세계가 있었다. 와튼은 냉철한 이성과 따뜻한 가슴이 함께 길러지는, 자본주의의 심장 위에 세운 작은 양심의 학교였다.

입학처에서 듣는 진짜 이야기

와튼스쿨을 둘러본 뒤, 자연스레 발걸음이 교수들의 연구실로 향했다. 와튼의 주요 연구실과 교수 사무실은 스타인버그-디트리히 홀(Steinberg-Dietrich Hall)에 모여 있다. 애덤 그랜트와 이선 몰릭—조직 심리학과 혁신 전략 분야에서 세계적 명성을 얻고 있는 두 교수—를 뵙고 싶었다. 사전 약속은 없었지만, 3층 입구에 있는 학과 행정 직원을 찾아 방문 목적을 설명하자, 그는 흔쾌히 안내를 해주었다. 두 교수 모두 아쉽게도 부재 중이었지만, 직원은 내게 사진도 찍어주고 친근하게 말을 걸어오는 등 유쾌하고 따뜻한 인상을 남겼다.

예정된 시간에 맞춰 나는 일행이 기다리고 있는 클라우디아 코헨 홀(Claudia Cohen Hall)의 입학처로 향했다. 그곳에서 20년 넘게 한국 학생을 담당해 온 입학사정관 엘리자베스 오코넬이 환한 미소로 우리를 맞이했다. 오랜 친구를 다시 만난 듯한 따뜻한 분위기 속에서, 날카로운 질문과 응답이 자연스레 오갔다. 그녀는 단어 하나에도 신중함을 담아, 차분하면서도 명쾌하게 유펜의 철학과 입학 기준을 풀어주었다.

"유펜이 바라는 인재는 단순히 우수한 학생이 아닙니다. 지적 호기심을 충실히 따르면서, 공동체에 긍정적인 영향을 끼칠 수 있는 사람이지요." 그녀는 점수보다 중요한 것은 '진정성'이라 강조했다. 지나치게 매끈한 원서보다, 다소 거칠더라도 자기 목소리가 살아 있는 글에서 진짜 배움의 흔적이 느껴진다고 했다.

미국 대학들도 한국의 학생부 종합전형처럼 전공 적합성을 중요하게 여긴다. 인문대학은 넓은 지식의 폭을 가진 학생을, 공대나 간호대, 경영대는 자신이 공부하고자 하는 분야에 대한 깊은 탐구 경험을 요구한다. 예컨대 공대에 지원한다면, 단순한 흥미를 넘어, AI든 바이오든 구체적 관심 분야와 탁월한 STEM 성적이 필요하다는 뜻이다. 오코넬은 2024년도부터 유펜 공과대학에는 AI 학위가 신설되었으니 참고하라고 덧붙였다.

오코넬은 강조했다. 유펜이 바라는 인재는 "주도적이며, 안전 지대에 머무르지 않고, 협동심과 공동체 기여 정신을 갖춘 진실한 학생"이라고. 공부를 억지로 하는 학생보다, 진짜 호기심으로 공부하는 이에게 더 큰 가능성이 열려 있다는 것이다. 추천서에는 갈등과 실패를 어떻게 극복했는지가 담길 때 가장 강력한 신뢰를 준다고도 했다.

진지함과 유쾌함이 오가는 대화는 어느새 1시간 40분을 넘겼지만, 시간 가는 줄 몰랐다.

유펜은 '니드 블라인드(Need Blind)' 원칙을 고수한다. 학생의 재정 상황과 무관하게, 능력과 가능성만으로 입학을 결정한다. 가난은 배움의 이유이지, 장벽이 되어서는 안 된다는 믿음은 유펜의 자존심이며 약속이다.

밤의 필라델피아, 그리고 따뜻한 만남

필라델피아에서의 마지막 날 밤, 대학가 인근의 소박한 식당에서 졸업생과 만났다. 유펜 심리학과를 졸업하고 임상 진로를 준비 중인 제자였다. 식탁 위엔 학창 시절의 기억과 요즘 근황, 그리고 유펜의 이야기들이 풍성히 올랐다. 서울대 경영학과를 마치고 이곳 와튼 스쿨로 온 SK, '트럼프 연설의 음성·음향학적 분석' 논문으로 입학해 그와 동문이 된 정치학도 YK의 근황도 함께 나눴다.

　사흘의 체류 중, 두 차례 찾은 리딩 터미널 마켓도 기억에 남는다. 고물가 시대에 역행하듯 저렴하면서도 푸짐한 음식들이 즐비했다. 필라델피아의 명물 크림치즈 스테이크 샌드위치는 양과 맛 모두 만족스러웠다. 김밥과 김치, 일본식 초밥 등 아시아 음식도 손쉽게 찾을 수 있었다. 좌석이 다소 비좁았지만, 맛과 '가성비' 하나는 확실한 곳이었다.

> **The Great Question**

- **벤저민 프랭클린**(과학자·발명가/유펜 설립자)

    "나는 오늘, 더 나은 사람이 되었는가?"

    "나는 쓸모 있는 인간인가?"

    "나의 하루는 타인과 공동체에 어떤 가치를 더했는가?"

- **피터 린치**(금융학/경영학)

    "당신은 매일 사용하는 브랜드를 믿으면서, 왜 그 회사를 소유할 생각은 하지 않는가?"

- **일론 머스크**(물리학/경제학)

    "인류는 단지 살아남을 것인가, 아니면 스스로를 뛰어넘을 것인가?"

    "문명은 여전히 전진하고 있는가?"

    "전기차와 재생에너지 없이 이 행성은 지속 가능할 수 있는가?"

    "우리는 AI를 통제할 수 있는가?"

    "우리는 시도조차 해보지 않은 꿈을 왜 두려워하는가?"

🟢 **도널드 트럼프 (경제학)**

"미국은 왜 세계의 짐을 떠맡고 있는가?"

"왜 우리는 우리가 아닌 남들을 위해 존재해야 하는가?"

🟢 **앤젤라 더크워스 (심리학)**

"IQ보다 더 중요한 것은 무엇인가?"

"성공을 결정짓는 진짜 힘은 무엇인가?"

"노력은 재능을 어떻게 이길 수 있는가?"

"왜 어떤 사람은 실패해도 다시 일어서는가?"

🟢 **애덤 그랜트 (조직심리학)**

"당신이 옳다고 믿는 것은 정말 옳은가?"

"우리는 기꺼이, 내 생각이 틀릴 수도 있다는 가능성에 열려 있는가?"

"우리는 옳기 위해 사는가, 아니면 더 나아지기 위해 사는가?"

"성공을 위한 가장 지속가능한 전략은 경쟁이 아니라 기여가 아닐까?"

"'나는 이런 사람'이라는 생각이, 나를 가로막는 벽은 아닐까?"

🟢 **이선 몰릭 (컴퓨터과학/경영학)**

"우리는 이제, '무엇이 가능한가'가 아니라 '무엇을 해야 하는가'를 고민해야 할 시대에 도달했다. AI가 모든 것을 잘하게 되는 시대에, 우리는 이제 무엇을 할 수 있어야 하는가?", "AI 이후 인간은 무엇을 할 수 있는가?"

- **어빙 고프만(사회학)**

    "우리는 진짜 자아로 살아가는가, 아니면 사회라는 무대에서 연기하고 있는가?"

- **존 레전드(영문학)**

    "당신은 지금, 당신이 믿는 바를 위해 노래하고 있는가?"

    "기도만으론 충분한가, 아니면 거리로 나서야 할까?"

- **토리 버치(미술사)**

    "여성은 왜 스스로를 작게 만드는가?"

    "여성은 왜 더 이상 큰 꿈을 꿔서는 안 되는가?"

- **존 헌츠만(국제정치학/공공행정학)**

    "복잡한 세계에서, 우리는 어떤 리더를 키워야 하는가?"

- **엘리자베스 오코넬(입학 사정관)**

    "당신은 공동체에 어떤 영향을 미치고 있는가?"

03
토론과 사유의 꽃 '작은 아이비' 스와스모어 대학

고요한 숲속 학문의 터전

필라델피아 도심을 벗어나 남서쪽으로 20여 분. 우버 창밖 풍경은 점차 단정한 시골 마을의 정취로 물들어갔다. 고색창연한 석조 건물에 덩굴이 드리워진 모습은 마치 유럽 고전소설의 한 장면 같았고, 빽빽한 숲속 거목들은 이곳에 깃든 시간의 무게를 조용히 증언하고 있었다. 잘 가꾸어진 잔디밭 위 나무 벤치들은 나그네의 발걸음을 멈추라 손짓하는 듯했다.

숲 내음을 온몸으로 맡으며 걷다 보면, 이곳이 대학 캠퍼스인지 깊은 숲속 휴양지인지 분간이 어려울 정도로 푸르른 풍경이 펼쳐진다. 스와스모어 칼리지(Swarthmore College)의 첫인상은 리조트처럼 아늑하고 평화로웠다. 심홍색 로고에는 건물보다 더 높이 솟은 네 그루의 나무가 새겨져 있었다. 캠퍼스에 발을 들이는 순간, 그 상징의 의미가 비로소 피부에 와닿는다. 이곳은 단순한 대학 캠퍼스가 아니라, 국립 스콧 수목원(Scott Arboretum)으로 지정된 공간이었다. 5천여 종의 식물이 숨 쉬고 연구되는 이곳을 걷다 보면, 마치 어느 비밀의 정원에 초대받은 듯한 착각에 빠진다.

약속 시간보다 일찍 도착한 우리는 철도역 근처 북스토어에 잠시 들렀다. 이 철길은 필라델피아 도심과 학생들을 잇는 생명의 동맥이다. 아기자기한 구조, 섬세하게 진열된 기념품, 조명 아래 빛나는 불사조 마스코트가 새겨진 머그잔과 셔츠들이 조용한 품격을 더했다. 스와스모어의 상징색인 심홍과 회색은 단출하지만 단단한 인상을 준다. 무엇보다 이 대학이 자랑하는 소수정예의 정신은 공간 전체에 고요하게 배어 있었다.

사유의 밀도, 학문의 깊이

남은 시간, 우리는 도서관으로 향했다. 사서가 조용히 자리를 지키고 있었지만, 출입을 통제하지는 않았다. 몇몇 학생은 간단한 간식을 곁들이며 공부에 열중하고 있었다. 고요한 정적 속에 포근한 기운이 감돌았고, 깔끔하게 정돈된 서가 사이를 거닐며

책 냄새를 맡는 순간, 내 안의 학구적 열정이 뜨겁게 살아났다. 당장이라도 책을 펼쳐 독서 삼매경에 빠지고 싶었다. 이곳에서 마음껏 사유하고 배움에 몰두할 수 있는 청춘이 몹시 부러웠다.

스와스모어는 학부 학생 수가 1,600명을 조금 넘는 작은 대학으로, 대학원 과정이 없는 순수 학부 중심의 리버럴 아츠 칼리지다. 그러나 교육의 밀도와 깊이는 미국 고등교육의 정점에 있다. 교수 대 학생 비율은 1대 8, 모든 수업은 전임 교수가 직접 담당하며, 대부분 세미나 형태로 진행된다. 1:1 수업도 드물지 않다. 경쟁보다는 사유와 대화가, 속도보다는 깊이가 중시되는 곳이나.

하지만 착각은 금물이다. 스와스모어는 '세계에서 가장 공부하기 어려운 대학 중 하나'로 손꼽힌다. 열정 없이는 따라갈 수 없고, 진심 없이는 버티기 어려운 진중한 학문의 전당이다. 재정 규모는 약 15억 달러(한화 약 2조 원), 학생 1인당 연간 교육비는 10만 달러(약 1억 3천만 원)에 달한다. 이러한 막강한 재정과 탄탄한 기부 문화 덕분에 스와스모어는 '재정 지원이 가장 우수한 대학' 순위에서 늘 상위권을 지킨다.

깊은 뿌리와 독창적 교육 철학

스와스모어의 정신적 뿌리는 1864년 퀘이커 교도들로부터 시작됐다. 펜실베이니아 대학교 와튼스쿨을 설립한 조지프 와튼 역시 그중 한 명이었다. 오늘날에는 종교적 색채를 벗었지만, 퀘이커 특유의 도덕성과 공동체 의식, 자율과 존중의 철학은 여전히 살아 있다.

이 대학의 교육 방식은 장 자크 루소가 《에밀》에서 말한 방식과 닮아 있다. "지시하지 않으면서도 지도하고, 아무것도 하지 않으면서 모든 일을 한다."

그 철학은 프랭크 에이들럿 총장이 도입한 '아너스 프로그램(Honors Program)'에 구현되어 있다. 옥스퍼드의 튜토리얼 제도를 본뜬 이 프로그램은 소그룹 토론과 에세이, 외부 학자의 평가로 구성되며, 마지막엔 교수진과의 만찬으로 여정을 마무리한다. 그것은 단순한 졸업요건이 아니라, 하나의 통과의례이자 성찰의식이었다.

놀랍게도 이 작은 대학은 공학 학위를 제공하는 몇 안 되는 리버럴 아츠 칼리지이기도 하다. 줄기세포 연구, 플라즈마 물리학 등 최첨단 STEM 연구도 활발히 이루어지고 있다. 한국의 광주과학기술원(GIST)이 이 대학을 벤치마킹했다는 사실은 스와스모어의 깊이와 독창성을 잘 보여준다.

스와스모어 졸업생이 개발한 MBTI

우리는 커피 한 잔을 앞에 두고 MBTI 이야기를 나눴다. 안토니 선생은 INFP. 조용하지만 대화의 물꼬를 곧잘 튼다. 교무실에선 말수가 적고 수줍음이 많아 보이지만, 우버 기사와는 금세 이야기를 나눈다. 마이크를 들고 단상에 올라가도, 입학사정관 앞에서 인터뷰를 해도 물 만난 고기처럼 말을 잘 한다.

김부장은 ENFJ답게 명랑하고 감성이 풍부하며 공감 능력이 남다르다. 나는 아마 INTP. 확신은 없지만, 한 가지는 분명하다. 나는 I다. 누군가 나를 E처럼 본다 해도, 그것은 사회 속에서 스스로 훈련된 성향일 것이다.

이야기가 무르익을 즈음, 문득 떠오른 사실 하나. MBTI를 만든 이사벨 브릭스 마이어스가 바로 스와스모어 졸업생이라는 점이다. 정확히 말하면, 이 도구가 여기서 개발된 것은 아니지만, 그녀의 학문적 성장은 이곳에서 시작되었다.

심리유형지표 MBTI는 이사벨이 어머니 캐서린 쿡 브릭스와 함께 개발한 것으로, 칼 융의 성격 유형 이론을 바탕으로 사람의 성격을 네 가지 지표로 나누는 틀을 만들었다. 정치학을 전공했지만, 사유의 깊이와 지적 자극은 스와스모어에서 흠뻑 배운 것임에 틀림없다.

사람의 성격을 이해하고 유형화하려는 시도는, 어쩌면 이처럼 사색과 토론이 끊이지 않는 토양 위에서만 가능했을지도 모른다.

그 외에도 스와스모어 출신에는 2006년 노벨 물리학상 수상자 존 매더, 2004년 노벨 경제학상 수상자 에드워드 프레스콧, 퓰리처상을 수상한 언론인 말콤 브라운, 세계은행 총재를 지낸 로버트 졸릭 등이 있다. 한국전쟁 연구의 세계적 권위자인 브루스 커밍스 시카고대 석좌교수 또한 한때 이곳에서 정치학을 가르쳤다.

19세기부터 남녀공학 체제를 운영해온 스와스모어는 윌리엄스, 애머스트, 포모나 칼리지와 함께 '작은 아이비(Little Ivy)'로 불린다. 특히 경제학과 정치학 분야의 대학원 진학률은 미국 내 최상위권을 자랑한다. 조용한 캠퍼스 안, 오늘도 사유의 씨앗이 성실히 뿌려지고 있다.

친절하고 협력적인 인재

도서관에 머무는 동안 약속 시간이 다가왔다. 입학처 건물 2층으로 올라가자, 입학사정관 아네트 세네시(Ms. Annette Senesi)가 반갑게 우리를 맞이했다. 최근 3년간 한국 학생들의 입학을 담당해온 그녀는 조용하면서도 열정적인 어조로 스와스모어의 교육 철학과 인재상을 소개했다.

"진심으로 배우기를 좋아하고, 진취적이며 활동적인 학생, 유연하고 개방적인 사고를 가진 학생을 원합니다. 단일 전공에만 머무르지 않고 여러 분야를 탐색하려는 자세가 중요해요. STEM 전공자도 환영하지만, 인문학적 소양 역시 매우 중요하게 평가합니다."

그녀는 특히 '친절하고 협력적인(kind and collaborative)' 인재를 강조했다. 공동체에 대한 책임감, 실패에 대한 성찰, 균형 잡힌 비교과 활동이 입학 사정의 주요 기준이라는 것이다.

"한 가지 분야만 고집하는 학생은 스와스모어와 잘 맞지 않아요." 말투는 단호했지만, 학교에 대한 깊은 애정이 묻어났다. 소수정예 세미나를 선호하고, 교수와 긴밀히 소통하며 최상위 대학원을 꿈꾸는 학생이라면 스와스모어는 최고의 선택지다.

1시간이 넘는 대화는 화기애애했고, 질문은 점점 예리해졌지만 아네트 사정관은 자신감 있는 미소와 목소리로 차분하게 답했다. HAFS 졸업생의 강점, 원서 리뷰 방식, 추천서 작성법 등 구체적이고 진솔한 대화가 이어졌다.

자연과 학문이 어우러진 그 숲의 기억

스와스모어는 쉽게 오를 수 있는 언덕이 아니다. 그러나 진심을 품고 오를 만한, 고요하지만 숭고한 산이다. 불사조 문양 아래, 수목원과 서가, 세미나와 토론, 진지한 눈빛의 학생들이 어우러진 그 캠퍼스는 단순한 공간이 아니라 철학의 풍경이었다.

숲은 단순한 자연이 아니라 사유의 상징이었고, 벤치 위 책 한 권은 세계를 다시 묻는 작은 성전이었다. 학문과 인간이 하나로 스며드는 그곳. 그 시간과 공간은 오래도록 진한 향기처럼 내 마음에 머물 것이다.

The Great Question

🔸 **프랭크 에이들럿(문학/교육학/스와스모어 칼리지 전 총장)**

"대학은 가르치는 곳인가, 아니면 생각하게 하는 곳인가?"

"지식은 넘쳐나는데, 왜 진정한 사유는 드문가?"

"왜 우리는 시험을 위한 공부는 시키면서, 사유의 힘은 가르치지 않는가?"

🔸 **이사벨 브릭스 마이어스(정치학/MBTI 개발자)**

"왜 사람은 서로 다르게 생각하고 행동하는가?"

"우리는 서로를 어떤 눈으로 보고 있는가?"

"그 사람의 성격은 바꿔야 할 대상인가, 이해해야 할 대상인가?"

🔸 **로버트 졸릭(역사학/국제정치학)**

"글로벌 시장의 성장과 정의는 양립할 수 있는가?"

"세계는 누구의 목소리로 설계되고 있는가?"

"강대국의 질서 속에서 약소국은 어떤 미래를 꿈꿀 수 있는가?"

- **존 매더**(천체물리학)

  "우주는 어떻게 시작되었는가?"

  "우리는 그 거대한 진화를 어떻게 측정할 수 있는가?"

  "우주라는 책에 쓰인 최초의 문장은 어떤 모습이었는가?"

- **말콤 브라운**(화학/저널리즘)

  "이 고통 앞에서, 당신은 무엇을 말할 것인가?"

  "침묵은 중립인가, 방조인가?"

  "진실을 쫓는 기자의 용기는 어디에서 비롯되는가?"

04
백악관 품은 외교관 사관학교
조지타운 대학교

세계의 중심, 워싱턴의 맥박 속으로

작년에는 시카고를 경유해 필라델피아로 들어갔지만, 이번엔 대한항공 직항편을 타고 곧장 워싱턴으로 향했다. 14시간 동안 하늘에 떠 있는 일은 결코 쉽지 않았지만, 미국 대학 캠퍼스 곳곳에서 시대의 문법을 바꾼 인물들의 숨결을 다시 느낄 수 있으리란 설렘이 고단함을 밀어냈다.

2025년 7월 6일, 일요일. 인천공항을 이륙한 항공기 안에는 뜻밖의 중대 인사가 함께 탑승해 있었다. 위성락 국가안보실장과 여한구 통상교섭본부장. 트럼프 행정부의 고율 관세 정책에 맞서 마크 루비오 미 국무장관과 담판을 벌이기 위한 워싱턴행이었다. 국가의 운명이 걸린 협상의 결연한 각오가 기내에 감돌고 있었는지는 알 수 없었지만, 한켠에서 두 손을 모은 내 작은 응원이 그들에게 닿기를 조용히 바랐다.

워싱턴 덜레스 국제공항에 착륙하자 사람들의 발길이 분주해졌다. 작년에 들렀던 시카고 오헤어 공항에 비해 덜 붐볐고, 절차도 비교적 간단했다. 이곳 워싱턴 D.C.는 북위 38.9도에 위치한다. 바로 한반도의 휴전선을 가로지르는 그 위도와 맞닿아 있다는 점이 묘한 상념을 불러일으켰다.

도로는 반듯하게 정비되어 있었고, 도시 전체는 넓고 단정했다. 계획도시답게 곳곳에 푸른 공원이 펼쳐졌고, 기념관과 박물관은 도시의 품에 조용히 안겨 있었다.

이곳은 단지 미국의 행정 수도가 아니라, 세계를 움직이는 권력의 중심부다. 백악관과 국무부, 국회의사당, 연방대법원 등 미국의 입법·행정·사법의 핵심 기관들이 이 도시에 집중되어 있었다. 국방의 상징, 펜타곤 역시 그리 멀지 않은 버지니아주 알링턴 카운티에 자리를 잡고 있다.

도시를 거닐다 보면, 마주치는 기념비 하나하나가 미국 현대사의 굵은 선을 그려낸다. 알링턴 국립묘지의 고요한 경건함, 제퍼슨 기념관의 고전적 품격, 링컨 기념관의 묵직한 위엄, 루스벨트와 마틴 루터 킹 기념관이 전하는 이상과 투쟁의 흔적. 그리고 한국전 참전용사 기념비 앞에서는, 낯선 땅에 흘린 피와 땀이 잊히지 않기를 조용히 기도하게 된다.

그리고 도시의 중심에서 만난 스미소니언 자연사 박물관은 또 다른 울림을 주었다. 공룡 화석이 하늘을 찌를 듯 솟아 있는 전시관을 지나, 지구의 기원을 따라 이어지는 동선을 걷다 보면, 인간이란 존재가 얼마나 짧은 찰나 위에 서 있는지를 실감하게 된다. 과학과 시간, 생명의 경이로움이 한 자리에 모여 있는 이곳은, 워싱턴의 또 다른 심장처럼 고요히 뛰고 있었다.

이 도시 전체가 미국의 역사였고, 자부심이었다. 그 맥박이 뛰는 심장부 속으로, 우리는 조용히 들어서고 있었다.

포토맥 강변에 세워진 외교의 요람

워싱턴 D.C.의 조용한 언덕 위, 포토맥 강이 유유히 흐르는 그 자리에 붉은 벽돌과 고딕 양식 건물들이 옹기종기 모여 있다. 1789년, 미국이라는 나라가 막 태동하던 그해, 존 캐럴 대주교는 이곳에 조지타운 대학교의 씨앗을 심었다. 건국의 숨결과 함께 자라난 이 학교는, 미국의 역사와 궤를 함께하며 오늘에 이르렀다.

조지타운의 약 12만 평에 달하는 메인 캠퍼스는 고딕 리바이벌과 조지아풍 건축이 조화를 이룬 아름다운 건물들로 가득하다. 특히 1879년에 세워진 하얼리 홀(Healy Hall)의 웅장한 시계탑은 대학의 상징이자, 국가사적지로도 지정된 문화유산이다. 영화 〈엑소시스트〉의 촬영지로도 잘 알려진 이곳은 단지 명문 대학을 넘어, 시간과 전통이 켜켜이 쌓인 정신적 랜드마크라 할 만하다.

200년이 넘는 세월 동안 조지타운은 미국 외교와 정치의 심장부 역할을 해왔다. '외교관 양성의 요람'이라는 별명은 결코 과장이 아니다. 그 중심에는 1919년 설립된 월시 외교대학(School of Foreign Service, SFS)이 있다. 국제관계학 분야에서 세계적 명성을 자랑하는 이 학부는 수많은 외교관과 정책 결정자, 국제기구 전문가들을 배출해왔다.

워싱턴 D.C.라는 입지는 조지타운 학생들에게 주어진 가장 강력한 선물이다. 백악관과 국무부, 국제통화기금(IMF)과 세계은행, 수많은 싱크탱크와 NGO들이 이 도시에 집중되어 있다. 조지타운의 학생들은 교실에서 배운 이론을 넘어서, 도시 자체를 하나의 거대한 실습실처럼 누비며 세계의 현실을 체득한다.

조지타운은 책상 앞 공부에 머물지 않는다. 이곳은 지성과 실천이 함께 숨 쉬는, 실전형 외교관을 길러내는 학교다.

세계를 움직인 사람들의 발자취

조지타운 출신들은 미국은 물론 전 세계 권력의 핵심 무대에서 활동하고 있다. 그중 가장 상징적인 인물은 제42대 대통령 빌 클린턴이다. 젊은 시절 윌시 외교 대학에서 국제정치학을 전공하며 세계를 무대로 한 비전을 키워나간 그는, 훗날 '자유주의 세계 질서'의 상징적 지도자가 되었다.

클린턴만이 아니다. CIA 국장을 지낸 조지 테닛, 국방장관을 지낸 로버트 게이츠(박사과정 수료), 연준 의장 제롬 파월(로스쿨) 등 조지타운은 한 시대를 정의한 인물들을 꾸준히 배출해 왔다. 요르단 국왕 압둘라 2세, 스페인 국왕 펠리페 6세도 이곳 외교 대학에서 수학했다. 펠리페 6세는 빌 클린턴과 기숙사 룸메이트였다는 일화로 유명하다.

빌 클린턴은 훗날 예일대 로스쿨에 진학하여 힐러리 클린턴과의 세기의 인연을 맺었다. 조지타운대는 워싱턴을 품은 파워엘리트의 산실임이 분명하다.

김현종 전 통상교섭본부장(현 대통령 외교안보특보) 등 수많은 한국 외교관과 국제기구 전문가들 또한 조지타운에서 지적 기반을 다지고 세계 무대로 나아갔다. 이건희 삼성그룹 전 회장도 워싱턴 D.C.와 깊은 인연을 맺었지만, 그가 공부한 곳은 조지타운이 아닌 조지 워싱턴 대학교였다. 두 대학은 백악관을 품은 명문 쌍벽으로, 각각 다른 결을 지닌 교육기관으로 자리매김하고 있다.

한미 FTA 협상의 '화장실 외교' 에피소드

김현종 전 통상교섭본부장과 관련된 흥미로운 일화가 있다. 노무현 정부 시절, 미국과의 FTA 협상 중에 실제로 벌어진 일이다. 정장의 윗단추를 느슨히 풀고, 긴 한숨을 내쉬던 어느 순간. 뜻밖의 협상 돌파구는 회의실이 아닌 화장실에서 열렸다.

2006년, 김현종 본부장은 한미 자유무역협정(FTA) 협상단을 이끌며 워싱턴에 머물고 있었다. 농업, 자동차, 제약, 영화 등 민감한 쟁점을 두고 미국과의 줄다리기는 팽팽했고, 협상 테이블은 냉각 상태였다. 숫자와 조건, 문구 하나하나를 두고 첨예한 공방이 이어지던 중, 김 본부장은 잠시 자리를 비워 화장실로 향했다. 그곳에서 마주친 이는 뜻밖에도 미국 측 협상 대표였다. 일촉즉발의 협상장을 잠시 벗어난 두 사람 사이엔 짧은 침묵이 흘렀다.

그 침묵을 깬 건 김현종이었다.

"혹시 메이저리그 좋아하시나요?"

상대는 고개를 들며 미소를 지었다.

"오, 레드삭스 팬이시라면 얘기 좀 길어지겠는데요?"

야구 이야기로 시작된 짧은 대화는 예상치 못한 전환점이 되었다. 두 사람 모두 보스턴 레드삭스의 팬이라는 사실을 알게 되며 바로 친구가 되었다. 벽돌처럼 굳어 있던 협상 분위기는 공 하나, 선수 하나를 두고 웃음을 나누는 사이 서서히 풀려나기 시작했다. 화장실에서 시작된 인간적 교감은 회의실 안으로 번져, 실질적 타협의 실마리를 제공하게 된다.

김현종은 훗날 이렇게 회고했다.

"협상은 숫자만으로 되는 게 아닙니다. 사람과 사람이 만나야죠. 신뢰가 생기면, 문이 열립니다."

냉정한 국제 통상 무대에서도 결국 사람을 움직이는 건 말 한 마디, 눈빛 하나, 그리고 공감이라는 교집합이다.

화장실이라는 공간이 어쩌면 조지타운 출신들이 강조하는 '실전 외교의 현장'일지도 모른다. 교과서에는 나오지 않지만, 역사는 때때로 그런 장소에서 조용히 움직인다.

예수회 정신과 전인교육

조지타운은 미국에서 가장 오래된 예수회 대학이다. 인문학과 사회과학을 아우르는 전인교육의 전통을 간직한 이곳은 예수회 교육의 핵심 가치인 '지성'과 '인격'의 조화를 추구한다. 학생들은 단순히 똑똑한 것을 넘어서, 도덕적 책임감과 공동체에 대한 봉사 정신을 갖춘 리더로 성장해야 한다.

전 세계 130여 개 나라에서 온 학생들이 함께 공부하는 국제적 공동체인 조지타운은 가톨릭 대학이지만 종교적 다양성을 존중한다. '호야 사마리탄'과 같은 학생 주도 봉사활동을 통해 사회 참여의 의미를 되새기고, 'Cura Personalis(전인적 돌봄)'와 'Men and Women for Others(타인을 위한 남성과 여성)'의 정신을 실천한다.

이러한 교육 철학은 입학 과정에도 반영된다. 조지타운은 단순한 시험 점수로 학생을 가늠하지 않는다. 리더십, 공동체 기여, 봉사 경험 등 삶의 궤적과 내면의 가치를 함께 평가하며, 다양한 배경의 인재들이 모여 서로 배우고 성장하는 포용적 학습 공동체를 지향한다.

이론과 실무가 만나는 교육

조지타운은 국제관계학에서 압도적인 명성을 자랑할 뿐 아니라, 법학, 경영학, 공공정책 등 다양한 분야에서도 탁월한 교육과 연구 역량을 갖추고 있다. 조지타운 로스쿨은 인권법과 국제법, 헌법 분야에서 세계적 학자들이 포진한 명문이며, 맥도너 비즈니스 스쿨은 글로벌 시장을 선도할 리더를 길러낸다. 맥코트 공공정책대학원은 백악관의 정책 결정과 긴밀히 맞닿아 있다.

이 같은 학문적 강점은 워싱턴 D.C.라는 도시의 역동성과 만나 실무 중심 교육으로 이어진다. 학생들은 연방 정부, 국제기구, 싱크탱크, NGO 등에서 인턴십을 하며 이론을 현실의 문제 해결로 연결 짓는다. 교수진과 함께 진행하는 실제 정책 연구는 실천적 지성으로 이어지고, 졸업생들은 세계 무대에서 빛나는 인재로 발돋움한다.

최근에는 'Public Policy Joint Degree', 'Environmentalism & Sustainability Joint Degree' 같은 혁신적 공동학위 프로그램을 통해 학제 간 융합의 지평도 넓혀가고 있다.

축적된 관심과 노력의 궤적을 중시

7월의 무더위를 식히듯 부슬부슬 비가 내렸다. 입학처 앞에 도착한 택시에서 우리는 우산 없이 내렸다. 땀으로 젖는 것보다는 차라리 비에 젖는 편이 나았다. 캐리어를 끌며 우리는 조용히 입학처 건물을 향해 걸음을 옮겼다.

화이트 그레이브너 홀. 입구에 이르자, 헤더 김 사정관이 따뜻한 미소로 우리를 맞아주었다. 올해부터 다시 한국 학생들의 입학을 담당하게 된 그녀와의 대화 속에서, 조지타운이 어떤 가치와 기준을 중시하는지 자연스럽게 들여다볼 수 있었다.

"학업 성취도가 무엇보다 중요합니다. 특히 얼마나 도전적인 과목들을 성실히 이수했는지를 봅니다."

헤더 사정관의 말은 단호하면서도 명확했다. 교내 커리큘럼을 충실히 이수했는지가 핵심이며, 외부 수강이나 온라인 강의는 보완적 요소일 뿐 필수는 아니라는 점도 분명히 했다.

무엇보다 조지타운은 '일관성'을 중요하게 여긴다. 교과 활동과 장래 희망이 유기적으로 연결되어 있는지를 면밀히 살핀다는 것이다. 전공을 위한 준비가 단편적인 스펙 나열이 아니라, 오랜 시간 축적된 관심과 노력의 궤적이어야 한다는 메시지다.

입학 심사의 중심축은 단연 'Why Georgetown' 에세이다. 단 한 편의 글에 담긴 진정성과 설득력, 그것이야말로 조지타운에 대한 열망의 깊이를 가늠하는 열쇠다. "한국 학생들의 학구열은 매우 높고 인상적입니다." 헤더 사정관은 조용히 덧붙였다.

조지타운의 입학 심사는 단순하지 않다. 1차로 한국 담당 사정관이 지원서를 검토하고, 이후 단과대학별 교수·직원·재학생·입학사정관이 모두 참여하는 위원회가 다층적으로 평가를 이어간다. 성적이 일정 기준에 미달하면 빠르게 탈락하지만, 공동체에의 기여 가능성과 '열정(Drive)'은 훨씬 더 깊이 들여다본다.

조지타운이 찾는 인재는 성적만으로는 설명되지 않는다. 세상을 더 나은 방향으로 바꾸려는 굳건한 동기와 사명감, 그리고 조지타운이어야만 하는 분명한 이유. 그 진심이 원서 곳곳에 살아 있어야 한다.

세계를 향한 꿈의 출발점

조지타운은 단지 미국의 명문대가 아니다. 워싱턴 D.C., 권력의 심장부에 자리한 이곳은 국제 정치와 외교, 정책과 경영의 최전선을 누비려는 이들에게 가장 견고한 출발점이 되어준다. 고딕 양식의 고풍스러운 건물들이 간직한 전통과 도시 전체가 들려주는 역동적 정치의 현장이 이곳에서 절묘하게 어우러진다. 학생들은 이곳에서 지성뿐 아니라 인격과 실무를 겸비한 인재로 성장해간다.

특히 한국 학생들에게 조지타운은 세계와 소통하는 지적 교두보이자, 글로벌 리더로 향하는 든든한 디딤돌이다. 이곳에서 쌓은 지식과 경험, 훈련된 시야는 한국 사회를 넘어 세계 무대에서도 빛을 발한다. 실제 정책 현장과 밀접하게 연결된 교육 시스템은 다양한 인턴십과 연구 기회를 통해 학생들의 실무 역량을 단련시키고, 미래를 여는 열쇠가 된다.

조지타운은 급변하는 21세기 국제 정세 속에서도 교육 혁신을 멈추지 않는다. 인공지능, 기후위기, 국제 안보 등 신흥 이슈에 민감하게 반응하며, 학문과 실무가 융합된 교육을 제공한다. 졸업생들은 이미 세계 곳곳에서 외교관, 정책 입안자, 국제기구 전문가, 기업 리더로서 '세상을 바꾸는 힘'이 되어 활약하고 있다.

포토맥 강변에 부는 바람은 오래된 벽돌 건물 사이로 조용히 스며들고, 그곳에서 인류의 미래를 설계하는 젊은이들의 눈빛은 고요히 빛난다.

조지타운. 그 이름은 단지 한 대학이 아니라, 세계로 향한 신념이자 사명이다.

세계의 중심에서 차오르는 애국심

대학 방문 일정을 마친 뒤, 우리는 시내에서 저녁을 먹기로 했다. 한국 음식이 그리웠다. 구글을 뒤져보니 '안주', '서울 스파이시', '만나 코리안 BBQ' 같은 식당들이 검색됐다. 우리는 '안주'라는 한식당을 택했다.

도착하자 야외 테이블까지 빈자리 하나 없이 손님으로 가득 차 있었다. 놀랍게도 식당에는 한국인 종업원이 한 명도 없었다. 요리사를 포함해 전원이 현지인이었고, 사장은 한국을 여러 차례 여행하며 이 식당을 기획했다고 했다. 도장 문양으로 디자인한 간판, 홀에 흐르는 K팝, 벽을 장식한 전통 소품과 한국 사진들까지, 한국의 분위기를 재현하려는 정성이 곳곳에 배어 있었다.

메뉴판에는 김치찌개, 떡볶이, 비빔밥 등 한국어 발음 그대로 음식 이름이 적혀 있었다. 우리가 이탈리안 레스토랑에서 '스파게티 알리오 올리오'를 더듬거리며 주문하듯, 미국인 손님들도 익숙지 않은 한국어 메뉴를 또박또박 따라 읽고 있었다.

안토니는 김치찌개를, 김 부장은 불고기 비빔밥을, 나는 소고기 볶음밥을 주문했다. 그러나 아뿔싸, 음식은 기대와는 전혀 달랐다. 짜고 자극적인 양념 속엔 한국의 정성도, 맛의 섬세함도 없었다. 레시피는 흉내 냈을지 몰라도, 그 속에는 '마음'이 없었다. 한국 음식이 그리워 찾아간 식당에서 역설적으로 한국 음식에 대한 향수만 더 짙어졌다.

그럼에도 인상 깊었던 건, 한국 음식을 맛보기 위해 줄을 서서 기다리는 현지인들의 모습이었다. 입맛의 세계화는 아직 멀었지만, 한류의 파장은 이곳 워싱턴까지 확실히 도달해 있었다.

우버를 호출해 숙소로 향했다. 우리가 탄 차량은 테슬라였다. 운전자는 핸들에 손 하나 대지 않았다. 눈앞에서 레벨4 수준의 자율주행이 구현되고 있었다. 미래라고만 여겼던 장면이, 이곳에선 이미 현실이었다.

더 흥미로웠던 건, 이 테슬라의 눈-카메라 모듈이 메이드 인 코리아라는 사실이다. 라이다와 레이더, 카메라를 혼합한 센서 퓨전 방식을 택하고 있는 구글 웨이모나 현대·기아차와 달리, 테슬라는 카메라 기반 비전 시스템을 고집한다. 철학은 다르지만, 공통된 사실 하나. 테슬라의 눈은 한국의 기술로 만든다. LG이노텍과 삼성전기의 부품이 이 미래 자동차의 눈을 책임지고 있다.

숙소에 도착해 TV를 켰다. 삼성 TV 화면에 CNN 뉴스 속보가 흘러나왔다. 텍사스 지역에 천 년에 한 번 있을 법한 폭우가 쏟아졌고, 100명이 넘는 이들이 목숨을 잃었다는 보도였다. 전문가들은 이를 '기후 재난'이라 규정했지만, 트럼프는 다시금 파리 기후협약 탈퇴를 선언했고, 전기차 보조금을 삭감하며 화석연료의 부활을 외쳤다. 러스트 벨트의 표심을 겨냥한 결정이었을까.

그러나 문득, 이런 의문이 떠올랐다. 지구보다 정치인가? 미래보다 표심인가?

미국의 수도 한복판, 세계 권력의 심장부에서 나는 조용히 묻는다. 정치는 누구를 위한 것인가? 미래는 누구의 몫인가?

The Great Question

- **빌 클린턴(국제관계학/법학)**

    "지금 당신의 삶은 나아지고 있는가?"

    "우리는 지금과 다르게, 더 나은 삶을 살 수 없을까?"

- **로버트 게이츠(역사학/러시아사)**

    "우리는 우리의 젊은이들을 정말 이 전쟁에 보낼 만큼 충분히 숙고했는가?"

- **제롬 파월(정치학/법학)**

    "수치와 지표 너머, 사람들의 삶을 충분히 고려하고 있는가?"

    "인플레이션을 억제하면서도, 노동시장과 경제를 지킬 수 있는가?"

- **펠리페 6세(법학/국제관계학)**

    "자유와 통합은 공존할 수 있는가, 우리는 그 해답을 보여줄 준비가 되었는가?

- **김현종(정치학/법학)**

    "우리는 글로벌 룰을 단지 따를 것인가, 만들 것인가?"

05
생명과학과 지성의 최전선
존스 홉킨스

볼티모어에서 만난 진리의 개척자

워싱턴 D.C.에서 북쪽으로 차를 한 시간 남짓 달리면, 쇠락의 풍경 속에 웅크린 도시, 볼티모어에 닿는다. 한때 미국 동부 산업의 심장이자 대서양을 향한 관문이었던 이 항구 도시는, 이제 몰락한 제국의 옛 그림자를 짙게 드리우고 있다. 20세기 중반까지 이곳은 군수용 선박을 대량 생산하던 전략적 거점이었고, 철강과 자동차 부품 산업으로 눈부신 번영을 구가했다. 석탄, 곡물, 철강, 자동차가 드나드는 무역의 중심지였으며, 지금도 자동차 수입 규모에 있어 미국 최대 항만 중 하나로 손꼽힌다.

그러나 전통 제조업의 불꽃은 사그라들고, 도시 곳곳엔 시간에 침식된 벽돌 건물과 버려진 창고들이 무성한 잡초와 함께 잊혀져간 영광을 말없이 증언하고 있다. 낡은 창틀 사이로 스며드는 오후 햇살마저 어딘가 쓸쓸해 보인다. 치안 불안은 이 도시의 이름과 함께 따라붙는 오래된 수식어가 되었다. 그럼에도 불구하고, 메이저리그 볼티모어 오리올스의 전설 칼 립켄 주니어를 향한 이곳 노동자들의 환호와 브라보의 외침은 여전히 이 도시의 뿌리 깊은 자부심을 떠올리게 한다.

하지만 이 도시의 심장 한가운데, 여전히 꺼지지 않은 불꽃이 있다. 150년 전, 미국 고등교육의 판도를 송두리째 바꿔놓은 혁명적 실험이 지금도 이어지고 있다. 바로 존스 홉킨스 대학교다.

1876년, 이 대학의 출현은 미국 교육계에 메아리처럼 울려 퍼진 지적 충격이었다. 당시 대부분의 대학들이 영국식 교양 교육에 머물러 있던 시대, 존스 홉킨스는 과감하게 독일의 '훔볼트 모델'을 도입했다. 교수의 강의를 받아적는 수동적 배움 대신, 학생들이 직접 실험하고 탐구하며 새로운 지식을 창출하는 '연구 중심 교육'을 표방한 것이다.

이것은 단순한 교수법의 전환이 아니었다. 지식에 대한 철학 자체를 바꾸는 선언이었다. 지식이란 전수받는 것이 아니라, 질문하고 탐험하며 스스로 만들어가는 것이라는, 당시로서는 전례 없는 도전이었다.

그렇다면 왜 하필 볼티모어였을까? 혹여나 기득권의 벽이 두 터운 보스턴이나 뉴욕에서는 이런 급진적 실험이 허용되지 않았 기 때문은 아니었을까? 언제나 그렇듯, 중심을 바꾸는 진정한 혁 명은 변방에서 시작된다. 진리의 불씨는 그렇게 한적한 항구도 시에서 타오르기 시작했고, 그 불꽃은 오늘날까지도 꺼지지 않 은 채, 지성의 심장을 지키고 있다.

'진리가 너희를 자유케 하리라'의 진짜 의미

존스 홉킨스 대학교의 모토는 'Veritas vos liberabit'다. 진리가 너희를 자유케 하리라.

설립자 존스 홉킨스(1795~1873)는 퀘이커 교도 출신의 성공한 사업가였다. 도매업과 철도 사업으로 막대한 부를 축적한 그는 죽음을 앞두고 파격적 결정을 내렸다. 전 재산 700만 달러-오늘날 가치로 약 2천억 원을 교육과 의료 사업에 기부한 것이다. 당시 미국 역사상 최대 규모의 개인 기부였다.

흥미로운 것은 홉킨스가 단순히 돈만 준 게 아니라는 점이다. 그는 자신의 유언에서 명확한 철학을 제시했다. "남녀를 막론하고 모든 계층의 사람들이 지식의 혜택을 누려야 한다." 19세기 중반 미국에서 이런 생각을 가진 사람이 얼마나 될까?

홉킨스가 말한 자유는 정치적 자유나 경제적 자유와는 차원이 달랐다. 무지와 편견으로부터의 해방, 그것이 진정한 자유라고 본 것이다. 이 철학이 오늘날까지 이 대학의 DNA에 새겨져 있다.

민족자결주의와 지속 가능한 개발

존스 홉킨스는 조용하지만 강한 학교다. 캠퍼스 어디에도 떠들썩한 구호나 화려한 조형물은 없다. 그러나 이곳을 거쳐 간 이들은 세계의 각지에서 조용한 혁명을 이끌었다.

가장 유명한 졸업생 중 하나는 미국 제28대 대통령 우드로 윌슨이다. 우리에게 민족자결주의를 주창한 대통령으로서 한국, 인도, 베트남 등 식민지 국가들의 독립운동에 정신적 자극을 주었다. 정치학 박사로 이 대학을 졸업한 그는 제1차 세계대전 이후 국제연맹 창설을 주창하며, 국제질서의 새로운 틀을 제안했다. 지성으로 세계사를 바꾼 지도자, 그의 출발점이 바로 이곳이었다.

의학 분야에서는 앨프리드 블레이록 박사의 이름이 빛난다. 그는 흑인 조수 비비언 토마스와 함께 세계 최초로 블루베이비 증후군을 치료하는 심장 수술법을 개발했다. 이 놀라운 협력의 이야기는 후에 HBO 영화 〈썸딩 더 로드 메이드 Something the Lord Made〉로 제작되기도 했다.

신경과학 분야에서는 솔 스나이더 교수가 있다. 그는 신경전달물질 수용체 연구를 통해 정신의학과 약물 치료의 새로운 길을 열었으며, '프로작'과 같은 항우울제의 개발에 이론적 토대를 제공했다.

오늘날에는 코로나19 대응의 핵심 브레인으로 꼽히는 톰 잉글스비 박사가 현직 교수로 활동 중이다. 그는 공중보건, 생물테러, 감염병 대응 분야에서 미국 정부와 국제기구의 핵심 자문역을 맡고 있다.

정치, 의학, 국제기구, 과학의 최전선에서 활약하는 이들. 이들은 각자의 분야에서 질문을 던졌고, 그 질문은 단지 개인의 호기심이 아니라 시대의 방향을 바꾸는 힘이 되었다. 그들은 질문한다.

"우리는 사람들을 더 건강하게, 더 자유롭게, 더 지혜롭게 만들고 있는가?"

그 질문 하나가 세계를 움직인다. 그리고 그 질문은, 존스 홉킨스라는 이름 아래 태어난 것이다.

세계 의학의 메카

존스 홉킨스를 논할 때 의학을 빼놓으면 이야기가 성립하지 않는다. 이곳의 의과대학과 병원은 세계 최고 수준이다. 단순히

'최고 중 하나'가 아니라 '최고'다. 하버드 의대와 쌍벽을 이룬다고 해도 과언이 아니다.

그런데 이 대학의 의학사에는 어두운 그림자도 있다. 1950년대 헨리에타 랙스 사건이다. 흑인 여성인 그녀의 자궁경부암 세포가 본인 동의 없이 채취되어 '헬라 세포'라는 불멸의 세포주가 되었다. 이 세포로 소아마비 백신이 개발되고 수많은 의학적 성과가 나왔지만, 당사자와 가족은 수십 년간 이 사실조차 몰랐다.

학문 발전과 윤리적 책임 사이의 딜레마. 존스 홉킨스는 이 문제를 회피하지 않았다. 오히려 정면으로 마주하며 의료윤리 기준을 강화하고, 환자 권리 보호에 앞장섰다. 실수를 인정하고 개선하는 것, 그것이야말로 진정한 지성의 자세 아닐까.

천재들의 놀이터, CTY

1979년 존스 홉킨스는 또 하나의 혁신을 시도했다. 세계 최초의 영재교육기관 CTY(Center for Talented Youth) 설립이다.

CTY에서 만난 14살 학생의 말이 인상적이었다. "여기서는 똑똑한 게 부끄러운 일이 아니에요." 평범한 학교에서 '너드'라고 놀림받던 아이들이, 이곳에서는 서로의 재능을 인정하고 격려한다.

CTY 출신 중에는 메타의 마크 저커버그, 구글의 세르게이 브린, 야후의 마리사 메이어 등이 있다. 우연의 일치일까? 아니다. 이곳에서 배운 것은 지식이 아니라 사고법이었다. 남들과 다르게 생각하는 용기, 기존 질서에 의문을 제기하는 담력을 기른 것이다.

영재교육의 핵심은 무엇일까? 더 많은 지식을 주입하는 것이 아니라, 스스로 질문을 만들어내는 능력을 기르는 것이다. CTY가 바로 그 철학을 실현한 곳이다.

예술도 학문이다, 피바디 음악원

1857년 설립된 피바디 음악원은 미국에서 가장 오래된 음악 교육기관이다. 현재는 존스 홉킨스 대학교에 통합되어 있다.

이곳에서 놀라운 것은 음악을 대하는 접근법이다. 단순히 연주 기법만 가르치지 않는다. 음악을 신경과학으로 분석하고, 음향을 물리학으로 해부하며, 음악 치료를 심리학과 연결한다.

한 교수의 말이 인상적이었다. "음악은 수학이고 물리학이며 철학입니다. 우리는 학생들에게 악기가 아니라 세상을 이해하는 언어를 가르칩니다."

예술과 과학의 경계를 허무는 것. 이것이 존스 홉킨스 방식이다. 모든 지식은 연결되어 있고, 진리는 하나라는 철학의 구현이다.

미를 설계하는 사람들, APL

존스 홉킨스 응용물리학연구소(APL)는 이 대학의 또 다른 자랑거리다. 미 국방부, NASA, 국립보건원과 협력해 인류의 미래를 설계하는 곳이다.

이곳 연구원들의 눈빛이 특별했다. 그들은 단순히 논문을 쓰는 학자가 아니라, 인류의 미래를 책임진다는 사명감을 갖고 있었다. 우주 탐사선부터 의료용 로봇까지, 상상을 현실로 만드는 작업이 매일 벌어진다.

흥미로운 사실 하나. 호주국립대학교(ANU)가 1946년 설립될 때 존스 홉킨스를 모델로 삼았다. 연구와 교육의 통합, 국가 미래를 위한 지적 기반 구축이라는 개념이 전 세계로 확산된 셈이다.

교육철학이 담긴 공동체 기여

우선 배부터 채워야 했다. 비는 예고도 없이 쏟아졌다. 누구 하나 우산을 꺼내지 않았고, 우리는 그대로 비를 맞으며 캠퍼스를 걸었다. 방학이면 어김없이 여기저기 공사판이 벌어지는 것도 미국 대학의 풍경 중 하나다. 존스 홉킨스도 잔디밭 한복판에 펜스를 둘러치고 굉음을 토해내고 있었다.

젖은 셔츠를 말릴 겸, 근처 카페로 몸을 피했다. 메뉴판은 단출했다. 단단한 빵과 묽은 커피, 그게 전부였다. 한국 같았으면

이럴 때 따끈한 국밥집 하나쯤 골목 어귀에서 우리를 기다리고 있었을 텐데. 미국의 식문화는 늘 바쁘다. 씹기도 전에 삼켜야 할 것들이고, 조미료 대신 속도와 칼로리로 맛을 대신하는 듯하다. 대륙은 넓지만 식탁은 심심하다.

그 순간, 문득 불쑥 그리움이 밀려왔다. 김치의 새콤하고 아삭한 절도, 뚝배기에서 피어오르던 된장국의 구수한 숨결, 작은 밥상 위에 오밀조밀 놓인 다섯 가지 반찬의 정성. 낯선 도시의 한복판에서, 우리는 그렇게 또 한 끼를 통해 고향을 떠올렸다.

존스 홉킨스 대학교의 국제 입학팀은 최근 적잖은 변화의 흐름을 겪고 있다. 지난해 여름, 우리 일행은 애니카 왕 입학사정관과 깊이 있는 인터뷰를 나눴지만, 그녀는 이후 다른 기관으로 자리를 옮겼다. 그 뒤를 이어 라이언 사정관이 부임했으나, 이번 방문에서는 일정이 겹쳐 만나지 못했다. 대신 카일리 다울링 사정관과 대화를 나눴다.

비록 인물은 바뀌었지만, 애니카 왕과 카일리 다울링 두 사람의 발언을 종합해보면 이 대학이 지향하는 인재상이 분명히 드러난다.

사정관들은 존스 홉킨스의 입학 전형을 관통하는 세 가지 기준을 다음과 같이 제시했다.

첫째는 아카데믹 캐릭터(Academic Character), 단순한 성적 그 너머, 학문에 대한 태도와 지적 성실성을 본다.

둘째는 임팩트 이니셔티브(Impact & Initiative), 자신이 속한 공동체에 의미 있는 변화를 이끌어낸 경험이다.

셋째는 오버올 매치(Overall Match), 곧 학교와 학생 간의 조화와 궁합이다.

"우리는 호기심이 많고, 배우는 것을 즐기며, 직접 경험하고 성장하려는 학생을 원합니다."

존스 홉킨스 사정관의 말 한마디는 이 학교의 교육 철학을 단정히 요약해준다.

흥미로운 점은 '공동체 기여'의 기준이다. 그 범위나 규모보다 진정성이 중요하다는 것이다. 소박한 활동일지라도, 자신이 몸담은 곳에서 변화를 만들어내려는 노력은 이들에게 깊은 울림으로 전해진다. 거창한 스펙이 아니라, 진실한 고민과 행동이 존중받는 곳. 그것이 바로 이 대학이다.

합격률은 7~9%에 불과하다. 수치만 놓고 보면 냉혹하지만, 이 대학이 찾는 '맞는 학생'에게는 재정 상황이 결코 장애물이 되지 않는다. 니드 블라인드(Need-Blind) 정책과 충분한 국제학생 장학금이 그 신념을 뒷받침한다.

이곳이 진정 원하는 것은 스펙이 아니라 사람이다. 질문하고, 움직이고, 변화시키는 사람. 그런 학생이라면, 누구든 이 문을 두

드릴 자격이 있다.

볼티모어라는 역설

존스 홉킨스를 논할 때 볼티모어를 빼놓을 수 없다. 이 도시는 미국에서도 치안이 좋지 않기로 유명하다. 그런데 이상하게도 이것이 오히려 이 대학의 장점이 되었다.

상아탑의 안락함 대신 현실의 거친 바람을 맞으며 공부하는 학생들. 그래서인지 존스 홉킨스 출신들은 실무 능력이 뛰어나고 현실 감각이 탁월하다는 평가를 받는다.

볼티모어는 워싱턴 D.C.와 가까워 정치·행정 분야 진출에도 유리하다. 실제로 많은 졸업생이 연방 정부, 국제기구, NGO에서 활약하고 있다. 위험한 도시에 위치한 세계적 명문대학. 이 역설적 상황이 오히려 독특한 경쟁력을 만들어낸 것이다.

질문하는 용기

존스 홉킨스의 진짜 힘은 무엇일까? 최첨단 연구 시설도, 세계적 교수진도 중요하지만, 가장 핵심적인 것은 '질문하는 문화'다.

이곳에서는 모든 사람이 끊임없이 질문한다. "왜 그럴까?", "더 나은 방법은 없을까?", "이것이 인류에게 어떤 의미가 있을까?" 이런 질문들이 일상이다.

답을 외우는 교육이 아니라 질문을 만드는 교육. 이것이 존스 홉킨스가 150년 동안 지켜온 전통이다. 그리고 이 전통이 오늘도 새로운 노벨상 수상자를, 새로운 치료법을, 새로운 미래를 만들어내고 있다.

한국의 예비 유학생들에게 조언하고 싶다. 존스 홉킨스 입학이 목표가 아니라 시작이어야 한다. 중요한 것은 명문대 학위가 아니라 그곳에서 배울 수 있는 '질문하는 용기'다.

볼티모어 석양이 붉은 벽돌 건물들을 물들이고 있었다. '진리가 너희를 자유케 하리라(Veritas vos liberabit).' 이제 이 말의 진짜 의미를 알 것 같다. 진리는 공짜로 주어지지 않는다. 끝없는 질문과 탐구를 통해 스스로 길어 올려야 하는 것이다. 그리고 자유는 그 고통스러운 과정을 견뎌낸 자만이 손에 넣을 수 있는 보상이라는 것을, 존스 홉킨스는 조용히 말하는 듯했다.

> **The Great Question**

- **우드로 윌슨**(정치학/역사학)

    "힘이 아니라 정의에 기반한 평화는 가능한가?"

    "각 민족은 스스로의 운명을 결정할 권리를 가져야 하는가?"

- **솔 스나이더**(신경과학/약리학)

    "정신과 의식, 감정은 뇌 속의 어떤 분자들로 이루어져 있는가?"

    "우리의 생각과 감정은, 어떻게 화학이 되는가?"

    "뇌는 단순한 전기회로인가, 아니면 화학적 우주인가?"

    "사랑은 뇌에서 어떤 화학 작용으로 생겨나는가?"

    "의식은 환상인가, 아니면 측정 가능한 실체인가?"

- **톰 잉글비스**(공중보건학/전염병 정책)

    "우리는 다음 팬데믹에 준비되어 있는가?"

- **마크 저커버그(하버드대 컴퓨터과학/심리학 중퇴)**

  "어떻게 하면 더 많은 사람들을 연결하고, 그 연결을 통해 세상을 더 나은 방향으로 움직일 수 있을까?"

  "디지털 연결은 인간성을 확장시키는가, 소외시키는가?"

- **세르게이 브린(수학/컴퓨터과학)**

  "세상의 모든 정보를 어떻게 하면 모두가 자유롭게 접근하고, 유익하게 활용할 수 있게 만들 수 있을까?"

  "정보의 평등은 곧 인간의 평등을 의미하는가?"

  "세상을 이해하려는 인간의 욕망을 기술로 어떻게 도울 수 있을까?"

- **마리사 메이어(컴퓨터과학)**

  "기술은 어떻게 하면 사람들의 일상에 자연스럽게 스며들어, 더 아름답고 더 인간적인 경험을 만들어낼 수 있을까?"

  "디자인은 단순한 미학이 아니라, 질문의 방식이 될 수 있는가?"

06

뉴욕을 캠퍼스로 누리는 뉴욕 대학교

    2024년 10월 14일, 3학년 국제 트랙 학생들이 시청각실에 모여들었다. 꿈의 무대로 향하는 나침반이 될 미국 대학교 방문 설명회가 열린 날이었다.

    이날 뉴욕 대학교의 한국 담당 입학 사정관, 케이티 코호넨(Katie Korhonen)이 방문했다. 그녀의 방문은 자유와 기회의 땅, 뉴욕에 대한 뜨거운 열망을 더욱 부채질했다.

    학생들의 눈빛이 달랐다. 질문이 쏟아졌다. 날카롭고 간절했다. 뉴욕이라는 단어가 주는 무게감을 그들도 알고 있었다. 꿈의 크기를 재는 저울이 거기 있었다.

뉴욕과 하나 된 특별한 대학

무덥던 여름, 우리는 뉴욕 대학교(NYU) 캠퍼스에 발을 디뎠다. 프린스턴의 고요함과는 완전히 달랐다. 이곳에서는 대학과 도시의 경계가 사라졌다. NYU의 건물들은 맨해튼 곳곳에 흩어져 있었고, 보랏빛 깃발이 바람에 흔들리고 있었다. 깃발이 꽂힌 그곳이 곧 뉴욕대였다. 로고가 박힌 티셔츠를 입은 학생들이 맨해튼을 활보하고, 거리 위 강의실을 자유롭게 오갔다. 뉴욕이 곧 캠퍼스였고, 캠퍼스가 곧 뉴욕이었다. 도시와 대학이 완전히 섞여 하나가 된 곳, 그곳이 뉴욕 대학교였다.

월가의 심장부에 자리 잡은 뉴욕 대학교는 뉴욕이라는 거대한 용광로에 녹아든 연구 중심의 사립 명문이다. NYU는 아랍에미리트의 아부다비, 중국의 상하이에도 캠퍼스를 세워 지식의 영토를 전 세계로 확장하고 있다. 아부다비의 다양성과 상하이의 역동성, 그리고 뉴욕의 창의성이 하나의 학위 안에서 교차한다. 하나의 대학이면서도 세계를 품은 이 학교는 국경에 갇히지 않는 지성을 지향한다.

1831년 정치가 앨버트 갤러틴의 진취적인 정신으로 설립된 뉴욕 대학교는 출신 배경이나 사회적 지위가 아닌, 오직 '실력'에 따라 학생들을 선발하는 철학을 굳건히 지켜왔다. 미국 내에서 가장 선호도가 높은 사립대학 중 하나이지만, 학부 합격률은 7% 내외에 불과하다. 특히 세계적인 명성을 자랑하는 스턴 경영대학, 문리과대학 CAS, 간호대학의 문턱은 5% 미만의 좁은 관문으로, 최고의 인재들조차 숨 막히는 긴장감 속에서 도전을 감행한다.

NYU의 학문은 한 방향으로만 흐르지 않는다. 이곳 학생들은 경영과 예술, 사회학과 컴퓨터공학, 심리학과 데이터사이언스를 자유롭게 넘나든다. 전공 간 경계는 흐릿하고, 학문의 경계도 유동적이다. 스스로 전공을 설계할 수 있는 갈라틴(Gallatin) 학부에서는 예술·기술·철학을 엮어 새로운 분야를 만들어내는 학생들이 끊임없이 등장한다. 자유와 융합은 이 대학의 또 다른 이름이다.

학생들은 맨해튼이라는 역동적 환경 속에서 주변의 극장과 갤러리들을 체험하며 뉴욕 문화의 정수를 경험한다. 인턴십이라는 현실적인 발판을 통해 살아있는 지식을 쌓고 미래를 위한 단단한 토대를 마련한다.

컬럼비아 대학교와 함께 뉴욕 대학교는 젊은이들이 갈망하는 곳이다. 코넬 대학교나 윌리엄스 칼리지처럼 고립된 곳과는 다르다. 여기서는 뉴욕 자체가 교실이고, 극장과 갤러리가 옆에 있으며, 인턴십 기회가 널려 있다. 살아있는 지식이 거리에 있다.

이곳에 발을 디디는 순간 안다. 왜 전 세계 젊은이들이 여기를 꿈꾸는지. 뉴욕이라는 거대한 무대 위에서 꿈을 키울 수 있기 때문이다.

월스트리트의 인재 사관학교

뉴욕 대학교는 월스트리트에 가장 많은 졸업생을 배출하는 '인재 사관학교'다. 특히 스턴 경영대학은 펜실베이니아 대학교의 와튼 스쿨과 쌍벽을 이룬다. 언론과 미디어 분야에서도 독보적인 아우라를 뿜어낸다. 지금까지 38명의 노벨상 수상자를 배출하며 지식의 연금술을 증명해왔다.

루돌프 줄리아니(전 뉴욕 시장), 잭 도시(트위터 공동 창업자), 리드 헤이스팅스(넷플릭스 공동 창업자), 앤드루 로스 소킨(경제 칼럼니스트), 그리고 앨런 그린스펀(전 연준의장) 또한 NYU라는 거목 아래에서 꿈을 키웠다.

2008년 금융위기를 예측한 '닥터 둠' 누리엘 루비니 교수(스턴 경영대학원), 디지털 시대의 불안을 날카롭게 분석한 조너선 하이트 교수(스턴 경영대학원), 물리학과 철학의 경계를 넘나들며 인간의 마음을 탐구하는 데이비드 차머스 교수(철학, 신경과학) 등도 NYU의 강단에서 미래의 글로벌 리더들을 키워내고 있다.

〈케데헌〉 '이재'가 공부하다

티쉬 예술대학(Tisch School)은 예술교육의 전당이다. 브로드웨이의 무대, 트라이베카 영화제의 스크린, 그리고 맨해튼의 골목마다 흐르는 창조적 에너지를 실시간으로 흡수하는 살아있는 교실이다. 카메라 렌즈 하나, 대사 한 줄이 삶을 바꾸는 언어가 된다.

티쉬 예술대학은 맨해튼 미드타운 웨스트에 있는 액터스 스튜디오와도 이런저런 협력 프로젝트를 진행한다. 액터스 스튜디오는 마릴린 먼로, 말론 브란도, 알 파치노, 로버트 드 니로 등 당대 최고의 배우들이 연기 수업을 한 곳으로 유명하다.

마틴 스콜세지 감독(〈택시 드라이버〉, 〈좋은 친구들〉), 앤젤리나 졸리(UNHCR 친선대사), 레이디 가가(팝 아이콘), 다이앤 본 퍼스텐버그(랩 드레스의 선구자) 등, NYU의 이름으로 빛나는 별들은 밤하늘을 가득 채운다.

〈케이팝 데몬 헌터스〉의 OST 〈Golden〉과 〈Your Idol〉을 작곡하고 루미의 목소리로 직접 노래한 이재(본명 김은재)도 티시 예술대학에서 음악산업학과 심리학을 복수 전공했다. 그녀는 SM엔터테인먼트에서 10년간 연습생으로 지냈으나 데뷔에 실패한 경험을 바탕으로, 〈Golden〉에 좌절을 넘어 다시 나아가려는 희망을 담았다.

NYU는 유엔본부에서 지하철로 단 네 정거장 거리라는 입지 덕에 외교와 공공정책, NGO 활동 등으로의 진출도 활발하다. 교과서로 외교를 배우는 것이 아니라 회의장과 거리에서 체험하는 것. 그것이 뉴욕 대학교의 진짜 수업이다.

세계를 꿈꾸는 자, 도전하라

2024년 7월의 뉴욕은 숨이 턱 막히도록 뜨거웠다. 아스팔트 위로 아지랑이가 피어오르고, 캐리어 바퀴는 도심의 요철을 덜컹거리며 굴러갔다. 숨 돌릴 틈도 없이 입학처를 찾아 모퉁이를 돌자, 리모델링 중인 스턴 경영대학원 건물 맞은편에서 환한 미소로 우리를 맞아준 이는 입학사정관 힐러리 르(Ms. Hillary Le)였다.

그리고 1년이 지난 2025년 여름, 우리는 다시 이 도시를 찾았다. 무더위는 여전했지만, 마음은 한결 여유로웠다. 무엇보다 반가웠던 선, 한국 학생을 담당하는 케이티 코호넨(Katie Kohonen) 사정관과 직접 마주 앉게 되었다는 점이었다. 그녀는 지난해 가을 외대부고(HAFS)를 방문해 인사를 나눴던 익숙한 얼굴이기도 했다. 재회의 반가움이 카페의 공기를 훈훈하게 데웠다.

라 콜롬브(La Colombe) 카페에서 1시간 넘게 이어진 대화는 단순한 설명을 넘어, 진심과 통찰이 오간 시간이었다. 김부장과 안토니 선생의 메모는 그 어느 때보다 분주했다.

"뉴욕대에서 가장 중요하게 여기는 것은 무엇인가요?"

안토니 선생은 주저함 없이 핵심을 찔렀고, 케이티의 답도 마찬가지로 단호하고 명확했다. "학생이 얼마나 도전적인 과목을 선택했고, 그 안에서 어떤 성취를 이루었는지가 핵심입니다. A보다 낮은 성적이 있다면, 반드시 이유를 설명해야 해요."

그녀는 곧 이어 덧붙였다. 에세이와 비교과 활동에서는 '열정'과 '삶에 미친 영향력'을 중점적으로 본다고. 피상적인 경험 여러 개보다는, 한 가지에 담긴 진정성이 훨씬 큰 울림을 준다는 것이다.

무엇보다 NYU는 '글로벌 마인드'를 지닌 인재를 원한다. 주어진 기회를 놓치지 않고 움켜쥐는 'Go-getter', 자기 삶의 설계자가 되려는 이들을 환영한다고 그녀는 거듭 강조했다.

뉴욕대의 강의실에는 국적도 언어도 사고방식도 다른 이들이 한 공간에 모여 있다. 케냐에서, 덴마크에서, 서울에서 온 학생들이 서로 다른 세계관으로 함께 질문하고 토론한다. 그 다름이 새로운 물음을 낳고, 질문이 곧 해답이 된다. 이 역동성과 다양성은 뉴욕이라는 도시의 숨결이자, NYU의 정체성이다.

트럼프의 반이민 정책이 미칠 영향에 대해 묻자, 케이티는 단호하게 말했다. "대학은 우리의 정책과 가치를 지켜낼 의지가 확고합니다." 오히려 그녀는 한국 학생들이 위축되지 않기를 바란다며, 그들의 당당한 도전을 응원했다.

그리고 지금까지 NYU에 합격한 수백 명의 한국 학생들은, 그 말이 단지 위로가 아니었음을 증명해왔다. 불가능해 보이던 꿈들이 어떻게 현실이 되었는지를 보여주며 말이다.

중요한 것은 꿈의 크기가 아니라, 그 꿈을 향해 오늘도 한 걸음 내딛는 용기다.

The Great Question

- **마틴 스콜세지(영화학)**

    "구원은 가능한가?"

    "폭력과 타락으로 얼룩진 삶 속에서도, 인간의 구원 가능성은 남아 있는가?"

    "침묵하는 신 앞에서, 우리는 어떤 선택을 할 수 있는가?"

- **안젤리나 졸리(연기예술)**

    "고통받는 이들을 외면한 채, 우리는 진정한 인간이라 말할 수 있는가?"

    "세상은 왜 가장 약한 이들에게 가장 가혹한가?"

    "함께 아파할 용기 없이, 세상을 바꿀 수 있는가?"

- **레이디 가가(공연예술)**

    "당신은 지금, 스스로를 사랑하고 있는가?"

    "당신은 타인의 기대를 위해 살고 있는가, 아니면 자신의 진실을 위해 살고 있는가?"

    "당신은 있는 그대로의 자신을 껴안고 있는가?"

- **누리엘 루비니(경제학)**

  "지속되지 않는 성장, 그 종말은 언제 어떻게 다가올 것인가?"

  "탐욕은 왜 반복해서 세계를 위기로 이끄는가?"

  "우리는 위기를 예측할 수 있을 뿐, 막을 수는 없는가?"

- **앨런 그린스펀(경제학)**

  "규제 없는 시장은 과연 인간의 탐욕을 이길 수 있는가?"

  "시장의 자유와 사회의 안전은 공존할 수 있는가?"

- **조너선 하이트(철학/사회심리학)**

  "도덕적 확신은 진실로 향하는 길인가, 아니면 분열의 씨앗인가?"

  "내가 옳다고 믿는 가치가, 누군가에게는 억압일 수 있다는 것을 인정할 준비가 되어 있는가?"

  "진실을 향한 열정이, 타인을 해치는 칼이 될 수도 있다는 사실을 자각하는가?"

- **잭 도시(경제학/컴퓨터과학)**

  "기술은 자유를 확장하는가, 아니면 권력을 집중시키는가?"

  "우리는 진정으로 전 세계 누구와도 실시간으로 '소통'하고 있는가?"

  "연결은 우리를 더 가깝게 만들었는가, 아니면 더 외롭게 만들었는가?"

- **데이비드 차머스(철학/인지과학)**

  "나는 어떻게 '나'가 되었는가?"

  "의식은 어떻게 물질에서 태어나는가?"

  "뇌가 정보를 처리할 때, 왜 우리는 '경험'을 느끼는가?"

  "나는 정말 '자유로운 존재'인가, 아니면 정해진 알고리즘의 산물인가?"

퓰리처상의 본거지
컬럼비아 대학교

사람이 부딪히고, 소리가 솟구치며, 하늘마저 눌러버리는 도시-뉴욕. 그 격렬한 심장의 중심부, 맨해튼 한복판을 거대한 뿌리처럼 움켜쥐고 선 것이 바로 컬럼비아 대학교다. 지하철은 캠퍼스 언저리를 윙윙 돌고, 거리엔 트럭의 거친 경적과 커피를 든 이들의 속보가 뒤섞여 있다. 학문이란 조용한 서가나 단정한 강의실에서만 이루어지는 것이 아님을, 이 도시는 말없이 증명해낸다. 도시의 숨결 위에 쌓은 사유, 그것이 컬럼비아다.

뉴욕의 중심에서 고동치는 지성의 사자

맨해튼의 심장부, 센트럴파크의 서편. 도시의 뼈대가 촘촘히 얽힌 그 땅 위에 컬럼비아 대학교가 우뚝 서 있다. 아이비리그의 최정예 가운데서도, 컬럼비아는 단연 빛나는 별이다. 지성과 역사, 도시와 인간이 한데 뒤섞여 맥박치는 이곳, 모닝사이드 하이츠는 단순한 캠퍼스 그 이상이다.

컬럼비아는 지하철 한 정거장만으로 세계로 나아가는 관문과 연결된다. 도서관을 나서면 브로드웨이의 번잡함이 펼쳐지고, 강의실을 나서면 도시 전체가 거대한 실험실이 된다.

수백만의 이야기가 교차하는 뉴욕-그 가장 생생한 무대 위에서 컬럼비아의 학생들은 삶을 배우고, 사유를 확장한다. 한때 그림자 짙게 드리웠던 인근의 할렘은 1990년대 루돌프 줄리아니 시장의 도시 재정비로 새 얼굴을 갖게 되었다. 예술과 흑인 문화의 요람이던 이곳은 과거와 현재가 공존하는 곳으로 재탄생했다. 골목마다 숨은 맛집과 재즈 클럽, 연극 무대가 모여들었고, 스티비 원더와 마이클 잭슨이 노래하던 아폴로 극장의 기억은 여전히 이 거리에 울린다.

뉴욕은 컬럼비아의 교과서이자 실습장이며, 때로는 영감의 원천이다. 메트로폴리탄 미술관과 현대미술관(MoMA), 링컨센터, 브루클린 뮤직 아카데미까지…. 수업은 강의실 안에서만 열리지 않는다. 뉴욕 증권 거래소와 월 스트리트, 유엔본부와 뉴욕타임스, NBA 본사에서 인턴십을 경험한 수많은 학생들이 말한다. 이 도시는 스승이며, 동료이며, 끊임없는 질문 그 자체라고.

그리니치 빌리지의 밤은 젊고 자유롭고, 금융가의 아침은 치열하고 빠르다. 이 두 세계가 맞닿은 도시의 경계에서, 컬럼비아는 인간을 묻고 시대를 성찰한다. 뉴욕이라는 이름의 살아있는 교과서 위에서, 지성의 사자들은 오늘도 고동치고 있다.

푸른 사자의 계보 - 제국과 혁명의 교차점에서

1754년, 뉴욕 땅에 울려 퍼진 한 줄기 칙서는 단순한 행정 명령이 아니었다. 그것은 지성의 불꽃을 점화하는 선언이었다. 영국 조지 2세의 이름으로 창립된 '킹스 칼리지'는 미국에서 다섯 번째, 뉴욕 최초의 고등 교육 기관으로 제국의 권위를 등에 업고 출발했다. 그러나 곧 식민의 언어를 버리고, 자유의 이름으로 다시 태어난다.

1776년, 독립 전쟁의 불길 속에서 문을 닫았던 학교는 1784년, '컬럼비아 칼리지'라는 이름으로 부활했다. '컬럼비아'-신생 공화국을 상징하는 여성 의인화에서 따온 그 이름은, 제국의 학교가 아닌 자유와 이상을 품은 새로운 공화국의 학문 공동체임을 선언한 것이다.

종교의 구속에서 벗어나 사상의 자유를 꿈꾸며, 다양한 계층과 인종의 젊은이들이 이곳으로 모여들었다. 특정 교리를 강요하지 않고, 학문 자체를 목적으로 삼았던 이 학교는 1893년, 종합대학의 체계를 갖춘 '컬럼비아 대학교'로 새롭게 이름을 얻는다. 제국의 유산에서 태동한 이곳은 혁명의 세례를 받고 공화국의 지성이 되었다.

푸른 심장을 지닌 사자, 컬럼비아의 상징은 시대를 넘는 진리 탐구의 기세다. 짙푸른 로열 블루는 그 깊이와 전통을 고스란히 증언한다. 오늘날 컬럼비아는 3개의 학부 대학과 13개의 대학원 및 전문대학원을 아우르는 거대한 지식의 숲이다.

선봉을 계승하는 '컬럼비아 칼리지', 기술과 미래를 설계하는 '공과대학', 그리고 다양한 삶의 궤적 속에 학문을 품은 이들을 위한 '일반학 대학 학부(School of General Studies)'는 각기 다른 색깔의 지성을 키워낸다. 그 중심에 독립된 여성 대학 '버나드 칼리지'가 있다. 같은 캠퍼스를 공유하면서도 자율성과 독자성을 지키며, 여성 지성의 빛나는 계보를 써 내려가고 있다.

제국과 혁명, 남성과 여성, 전통과 변화. 컬럼비아는 그 겹치는 교차점에서 중심을 잃지 않았다. 사자의 푸른 눈빛은 오늘도, 자유와 진리를 향해 빛나고 있다.

미네르바와 함께하는 지성의 전당

NYU가 도심 속에 스며든 유연한 지성이라면, 컬럼비아 대학교는 단단한 경계와 함께 자신만의 성채를 지닌 고전적 지성이다. 견고한 철문과 웅장한 대리석 기둥이 캠퍼스의 안과 밖을 또렷이 나누며, 도시의 소음마저 숨을 죽인다.

가장 먼저 눈에 띄는 건 밀러 극장. 음악, 연극, 무용 등 다양한 예술 공연이 펼쳐지는 이곳은 학생들에게 저렴한 비용으로 풍성한 문화적 자극을 제공한다. 현대 미술과 특별 전시가 열리는 월터슨 아트 갤러리 역시, 예술을 중시하는 컬럼비아의 교육 철학을 드러낸다.

철제 울타리를 지나면, 정적이 깃든 또 하나의 세계가 열린다. 그렇지만 다른 대학들과 달리 이 문을 통과하기는 쉽지 않다. 보안을 강화하여 이메일로 받은 ID를 QR코드로 인증해야 들어갈 수 있다. 어렵사리 캠퍼스 안에 발을 들이는 순간, 고대 로마 신전 앞에 온 듯한 착각을 불러일으킨다. 마치 고요한 사원처럼 서 있는 로우 메모리얼 도서관은 10개의 거대한 원형 기둥과 둥근 돔 아래 중후한 아름다움을 품고 있다. 정면에서 바라보면 로마의 판테온을 떠오르게 하고, 계단 위로는 '지식은 지혜로 나아가는 길'이라 새겨진 좌판이 놓여 있다. 그 위에 앉아 노트북을 두드리고 책장을 넘기는 이들은, 뉴욕이 길러낸 예민한 두뇌들이며, 도시를 넘어 세계를 설계할 자들이다.

계단 중앙에는 미네르바, 즉 지혜의 여신을 형상화한 알마 마터(ALMA MATER) 동상이 자리를 지킨다. 그녀의 치맛자락에 숨겨진 부엉이를 가장 먼저 발견하는 학생이 수석 졸업을 한다는 전설은 미신임을 알면서도, 여전히 수많은 손길로 반짝인다. 로우 도서관은 단순한 건물이 아니라, 국가사적 지정지이자 컬럼비아 정신의 심장이다.

이 캠퍼스는 도시와 학문이라는 이질적 요소를 하나로 녹여내는 용광로다. 정치학 강의실에서는 유엔과 뉴욕시 정책이 나란히 분석되고, 경제학 수업에서는 월스트리트가 실시간 교재가 된다. 이론은 현실에서 솟아오르고, 현실은 다시 이론을 자극한다. 여긴 실천하는 이론의 현장이자, 사유하는 실천의 전당이다.

한 벤치에선 학생들이 팔레스타인 문제와 기후변화, 인종차별을 동시에 이야기한다. 회피하지 않는다. 정면으로 부딪친다. 세계의 난제를 가슴에 품고 나아간다. 그것이 바로, 컬럼비아 지성의 본능이다.

핵분열이 시작되고 세계가 뒤바뀌던 캠퍼스

맞은편, 잔디 광장의 너머로 14개의 원형 기둥이 위엄 있게 줄지어 선 버틀러 도서관이 눈길을 압도한다. 컬럼비아 대학교에서 가장 거대한 이 지적 성채는, 역사와 철학, 문학을 비롯한 인문사회 전반에 걸친 방대한 장서와 학술 자원을 품고 있다. 수많은 학생들이 사유의 깊이를 더하기 위해 이곳을 찾는다. 학문의 심장부, 사색의 성소라 불리는 이유다.

입구 대리석 위에 새겨진 여덟 개의 이름이 유독 인상 깊다. 호메로스, 헤로도토스, 소포클레스, 플라톤, 아리스토텔레스, 데모스테네스, 키케로, 그리고 버질.

컬럼비아도 시카고처럼 인문학의 힘을 이미 알고 있었다. 나는 그 이름들을 하나씩 천천히 읽어 내려갔다. 활자 너머로 고대의 숨결이 스며드는 듯했다. 그들은 여전히 이곳에서 말하고 있었다. 인간은 무엇을 기억해야 하며, 어디까지 사유할 수 있는지를.

이곳의 지성은 버틀러 도서관에만 머물지 않는다. 람란 사회과학 도서관, 비즈니스 도서관, 헬스 사이언스 도서관 등으로 촘촘히 연결된 방대한 도서관 체계는 컬럼비아가 축적해온 학문의 깊이와 넓이를 고스란히 보여준다. 지식은 이 캠퍼스에서 단지 읽히는 것이 아니라, 살아 숨 쉬고 있었다.

퍼핀 홀은 세계사의 전환점이 태동한 공간이기도 하다. 이곳은 노벨 물리학상 수상자 엔리코 페르미가 세계 최초로 우라늄 핵분열 실험을 성공시킨 곳이며, 제2차 세계대전 중에는 '맨해튼 프로젝트'의 본부 역할을 하기도 했다. 오늘날에도 컬럼비아는 뇌 신호를 언어로 번역하는 두뇌-컴퓨터 인터페이스 개발, FM

라디오와 레이저의 발명, 핵자기공명(MRI)의 원리 발견 등 첨단 과학의 최전선에 서 있다.

컬럼비아는 미국 최초로 석사 학위와 의학 박사(M.D.) 학위를 수여한 학교이기도 하다. 100명이 넘는 노벨상 수상자를 배출하며, 시카고 대학교와 함께 '노벨의 산실'로 불리는 이유다. 과거의 제국도, 현재의 혁신도, 이 캠퍼스를 경유해 세계로 뻗어나간다.

역사를 움직인 대통령들이 거쳐 간 대학

컬럼비아 대학교는 시대를 이끈 인물들을 지속적으로 배출해왔다. 러일전쟁 중재로 노벨평화상을 수상한 시어도어 루스벨트와 대공황을 극복한 프랭클린 루스벨트, 그리고 미국 역사상 최초의 흑인 대통령 버락 오바마까지 – 미국의 심장을 뛰게 한 대통령들이 이 캠퍼스를 지나갔고, 드와이트 아이젠하워는 이곳의 총장을 거쳐 백악관에 입성했다.

미국 헌법의 설계자 알렉산더 해밀턴, 연방대법원에서 진보의 상징으로 기억되는 루스 베이더 긴즈버그, 유리천장을 깬 미국 최초의 여성 국무장관 매들린 올브라이트, 시장의 맥을 꿰뚫은 전 연준 의장 앨런 그린스펀(경제학 박사과정 수료), 그리고 전설적인 투자자 워런 버핏(경제학 석사), 그리고 버핏의 스승이자 가치 투자의 아버지로 불리는 벤저민 그레이엄 등 수많은 전설적 인물들이 컬럼비아의 동문들이다.

억만장자 동문 수로도 하버드, 스탠퍼드, 펜실베이니아 대학교와 어깨를 나란히 하며, 명문이라는 수식어를 실적으로 증명하고 있다. 국내 인사 중에서도 이필상 전 고려대 총장, 김현종 전 통상교섭본부장, 신동빈 롯데그룹 회장, 가수 박정현 등이 컬럼비아의 동문이다. 이들 또한 각자의 분야에서 의미 있는 족적을 남기고 있다.

한편, 컬럼비아 라이온스 스포츠팀 중 펜싱팀은 전미 대학리그에서 독보적인 위상을 자랑한다. 그리고 무엇보다도, 뉴욕 양키스의 전설적인 야구 영웅 루 게릭이 이 대학 출신이라는 사실은 컬럼비아의 또 다른 자부심이다. '루 게릭병'이라는 이름으로 더 알려진 근위축성 측삭경화증으로 유니폼을 벗은 그의 퇴장은 미국 스포츠사에서 가장 감동적인 순간으로 남아 있다. 그가 보여준 투혼은 먼 훗날, 같은 병으로 투병한 천체 물리학자 스티븐 호킹과도 겹쳐지며 더욱 깊은 울림을 전한다.

퓰리처상을 수여하는 대학

컬럼비아 대학교의 강단은 단지 지식을 전하는 공간이 아니다. 그것은 시대를 사유하고, 문명의 진보를 밀어 올리는 지성들의 무대다. 이곳에는 우주의 기원을 탐구한 《엔드 오브 타임》의 저자이자 끈 이론의 대가 브라이언 그린이 있고, 노벨 물리학상에 빛나는 리언 레더먼, 시장과 정의를 동시에 껴안은 노벨 경제학상 수상자 조지프 스티글리츠가 있다. 국제개발의 화두를 던진 제프리 삭스, 제국주의를 해부한 《오리엔탈리즘》의 저자 에드워드 사이드까지. 그들은 모두 컬럼비아라는 지적 공동체를 구성하는 별들이었다.

컬럼비아를 이야기하면서 퓰리처상을 빼놓을 수는 없다. 언론계의 노벨상이라 불리는 이 상은 1917년, 언론인 조지프 퓰리처의 유언에 따라 제정되었고, 그 시상식은 지금도 매년 봄, 컬럼비아 캠퍼스에서 조용히, 그러나 엄숙하게 열린다. 시상은 컬럼비아 총장이 주관하며, 수상자들의 이름이 호명될 때마다 인간 정신의 정수들이 하나씩 무대 위로 걸어 나온다. 문학, 언론, 사진, 역사, 시, 음악, 드라마…. 말과 글, 그리고 이미지와 사유로써 세상을 바꾼 이들이 받는 훈장이다.

이 권위는 결코 허울이 아니다. 컬럼비아 저널리즘 스쿨은 100년이 넘는 역사와 함께 현대 언론교육의 표준을 세운 학교다. 그 명성은 단지 뉴욕이라는 도시의 품 안에서 비롯된 것이 아니다. 그것은 사실을 좇는 용기, 진실을 밝히는 언어, 그 언어를 배우고 가르치는 사람들의 품격에서 비롯되었다.

영화학과 역시 예외는 아니다. 영화 〈겨울왕국〉의 각본을 쓴 제니퍼 미셸 리와 같은 창작자들이 이곳에서 배출되었고, 컬럼비아는 이제 영상 서사의 미래를 꿈꾸는 이들에게도 하나의 성지가 되었다.

이곳은 글쟁이들의 대학이다. 기록하고, 고발하고, 창조하고, 해석하는 이들의 요람이다. 문장과 이미지, 목소리와 논증으로 세상을 바꾸려는 이들이, 바로 이곳에서 첫 문장을 써 내려간다.

숫자 너머를 보는 눈 – 학생부 종합전형의 모델

컬럼비아 대학교의 문은 좁디좁다. 합격률은 해마다 4~6%선을 넘지 않는다. 단순히 성적이나 시험 점수로 좌우되는 경쟁이 아니다. 이 대학은 일찍이 '홀리스틱 입학 사정 방식(Holistic Admission Process)'을 채택하고, 이를 입학 제도의 뼈대이자 정신으로 삼아왔다. 숫자 너머를 보는 눈, 바로 그것이 컬럼비아의 눈이다.

성적표 너머의 사람, 이력서 뒤편의 내면을 보는 작업. 그 눈은 지원자의 인격과 자질, 품성과 대인관계, 그리고 미래의 잠재력까지 살핀다. 에세이와 추천서는 단순한 첨부 문서가 아니다. 지원자의 사유의 깊이, 삶의 진정성, 학문에의 열정을 담아내는 그릇이다. 그래서일까. 같은 성적표라도, 같은 활동이라도, 그것을 담아내는 문장과 그 속에 깃든 사유에 따라 당락은 갈린다.

우리나라의 학생부 종합전형, 그중에서도 서울대학교의 수시 일반전형은 바로 이 컬럼비아식의 홀리스틱 평가를 벤치마킹하여 탄생한 제도다. 단순히 제도를 벤치마킹한 것이 아니라, 철학을 가져온 셈이다. 학생을 점수로 보지 않겠다는 신념, 가능성을 먼저 보겠다는 결단이 그것이다.

컬럼비아는 또 하나의 중요한 원칙을 지킨다. 입학 사정 과정에서 학생의 가정 형편을 고려하지 않는 '니드 블라인드' 정책. 이는 진정한 기회의 평등을 의미한다. 아울러 이곳의 모든 학부생은 '핵심 교양 과정(Core Curriculum)'이라 불리는 필수 과정을 이수해야 한다. 인문학, 자연과학, 예술과 철학이 골고루 담긴 이 커리큘럼은 학생들로 하여금 전문성 이전에 인간됨의 깊이를 익히게 한다.

숫자보다 사유, 점수보다 가능성. 컬럼비아는 언제나, 점수 대신 사람을 본다. 그리고 그것이야말로 미래를 준비하는 가장 정직한 방식이라 믿는다.

푸른 심장에 불을 지필 이들을 찾는 입학처

7월의 뜨거운 햇살 아래, 우리는 컬럼비아 입학처를 향해 발걸음을 옮겼다. 약속 시간보다 조금 이른 시각, 우리는 캠퍼스 후문 밖 쉑쉑버거에서 간단히 요기를 하며 에너지를 채웠다. 그리고 다시 고풍스러운 철문을 지나 입학처 건물에 들어섰다. 한국 담당 입학사정관 제시카 리(Jessica Lee)가 우리를 환한 미소로 맞았다. 작년 여름엔 그녀가 휴가 중이어서, 캐서린 캐러웨이 사정관과 인터뷰를 했었는데, 올해는 마침내 직접 만날 수 있어 더없이 반가웠다.

음료를 앞에 두고, 대화는 자연스럽게 무르익었다. 제시카는 컬럼비아 입학 사정의 핵심으로 '커뮤니티 핏(Community Fit)'을 강조했다. 학업과 동아리 활동에 대한 적응력, 다양한 분야에 대한 열린 관심, 그리고 전체 수업의 3분의 1을 차지하는 인문학(Liberal Arts)에 대한 흥미. 거기에 오픈 마인드와 끈기, 목표를 향한 열정, 그리고 동료에게 친절한 마음씨를 갖춘 '따뜻한 학생'을 대학이 찾는다고 했다. 이는 '진짜 공부'를 할 줄 아는 선한 인재를 지향하는 서울대 학생부 종합전형의 철학과도 맞닿아 있었다.

그녀는 타 대학에 비해 구체적인 심사 기준에 대해선 말을 아끼는 편이었다. 다만 컬럼비아는 전공별 할당 없이 학생을 선발하며, 입학 당시 선택한 전공을 반드시 고수할 필요가 없는 유연한 제도를 운영한다고 덧붙였다.

트럼프 행정부 시기의 반이민 정책에 대한 질문에도, 제시카는 단호했다. 컬럼비아는 학교의 가치와 전통을 일관되게 지켜나갈 것이며, 한국 학생들도 위축되지 않고 당당히 도전하길 바란다고 했다.

뉴욕의 거대한 에너지 속에서 마주한 컬럼비아는 자유로운 정신과 깊은 지성이 공존하는 공간이었다. 고전적인 건축이 뿜어내는 중후한 분위기 속에서, 다양한 문화적 배경을 지닌 학생들이 함께 토론하며 사유하는 활기가 가득했다. 인문학과 사회과학에서 이룩한 찬란한 성취만큼이나, 균형 잡힌 시각과 비판적 사고를 키우려는 이 학교의 교육 철학은 오래도록 가슴에 남았다.

브로드웨이에서 〈문 리버〉를 듣다

컬럼비아 대학교 방문을 마치고 돌아오는 길, 우리는 이미 녹초가 되어 있었다. 휴식을 택한 안토니를 숙소에 남겨두고, 김 부장과 나는 브로드웨이의 화려한 불빛 속으로 향했다.

오랜만에 다시 찾은 타임스퀘어는 여전히 현란한 네온사인과 인파로 가득했다. 코카콜라 광고 옆자리를 굳건히 지키고 있는 삼성의 광고판이 눈에 들어왔다. 달라진 점이라면, 삼성의 광고가 최신 AI폰 광고로 바뀌었고, 브로드웨이 전광판이 초대형 LED로 바뀌어 더욱 화려하게 빛나고 있다는 정도였다. 길거리 음식으로 간단히 배를 채우고, 브로드웨이 뮤지컬 극장으로 발걸음을 옮겼다. 우리가 선택한 작품은 〈라이언 킹〉. 영화와는 또 다른 생생한 감동은 기대 이상이었다.

늦은 밤, 숙소로 향하는 택시 안에서 흘러나오는 〈문 리버〉의 선율. 영화 〈티파니에서 아침을〉 속, 오드리 헵번의 맑고 슬픈 음성으로 불렸던 그 노래가, 지금 이 순간, 뉴욕의 밤거리를 가르며 흐르고 있었다. 시간을 초월한 감성의 일체감을 느끼며 조용히 눈을 감았다. 꿈을 꾸듯 영혼의 무게가 하염없이 가벼워지는 듯했다.

The Great Question

- **버락 오바마**(국제관계학/법학)

    "우리는 냉소의 정치에 참여할 것인가, 희망의 정치에 참여할 것인가?"

    "우리는 어떤 공동체를 만들 것인가?"

    "희망은 실천될 수 있는가?"

- **프랭클린 루스벨트**(법학/정치학)

    "우리는 두려움 그 자체를 제외하고 무엇을 두려워해야 하는가?"

    "인간의 기본 권리는 국경 너머에서도 존중되어야 하는가?"

- **매들린 올브라이트**(정치학/국제관계학)

    "강대국은 침묵할 권리가 있는가, 아니면 책임이 있는가?"

    "악에 맞서지 않을 이유가 무엇인가?"

    "권력은 누구를 위해 사용되어야 하는가?"

    "여성이 세상의 절반을 차지한다면, 왜 권력의 자리는 여전히 소수에게만 허락되는가?"

- **브라이언 그린 (이론물리학/우주론)**

 "시간과 공간의 끝에서, 인간은 어떤 존재로 남는가?"

 "물리 법칙 안에서 인간의 의미는 무엇인가?"

- **워런 버핏 (경영학)**

 "돈은 어떻게 벌어야 하며, 어떻게 써야 하는가?"

 "평생 단 20번의 투자 기회만 주어진다면, 당신은 어디에 베팅할 것인가?"

 "지금 당신이 하는 선택이, 평생을 견딜 만한 가치가 있는가?"

 "지금 당신이 하고 있는 일이, 내일 신문 1면에 실려도 괜찮은가?"

- **조지프 스티글리츠 (경제학)**

 "시장은 과연 공정한가?" "성장은 모두에게 이익이 되는가?"

 "경제학은 누구를 위한 학문인가?"

 "더 많이 가진 자들이 지배하는 체제에서, 우리는 진정한 민주주의를 말할 수 있는가?"

- **제프리 삭스**(경제학)

  "어떻게 하면 모든 인간이 고통 없이 살아갈 수 있는가?"

  "지속 가능한 번영은 가능한가, 아니면 신기루인가?"

  "우리는 모두가 함께 잘 사는 세상을 만들 의지가 있는가?"

- **앨런 그린스펀**(경제학)

  "시장은 정말로 언제나 스스로를 규율할 수 있는가?"

- **벤저민 그레이엄**(경제학)

  "가격은 오르내리지만, 가치는 그대로일 수 있다. 당신은 그 차이를 볼 수 있는가?" "투자는 투기와 어떻게 다른가?"

  "숫자 너머에서 기업의 진짜 내면을 보는 눈을 가졌는가?"

  "지혜로운 투자자는 시장을 따르지 않는다. 그는 시장을 이용한다. 당신은 시장의 노예인가, 주인인가?"

- **에드워드 사이드**(문학이론/비판이론)

  "당신이 알고 있는 '타자'는, 정말 그들 자신의 목소리로 말한 것인가?"

  "누가 세계를 정의하는가? 그리고 그 정의는 누구의 입장에서 쓰였는가?"

  "학문은 진실을 말하는가, 아니면 지배 이데올로기를 은폐하는가?"

"문학은 세계를 이해하게 하는가, 아니면 왜곡하는가?"

🟢 조지프 퓰리처(저널리즘)

"언론은 권력의 하수인이 될 것인가, 아니면 시민의 수호자가 될 것인가?"

"당신이 읽는 그 신문은, 권력에 봉사하는가? 아니면, 당신의 자유를 지켜주는가?"

🟢 제니퍼 미셸 리(무대예술)

"진짜 나로 살아가는 데, 누구의 허락이 필요한가?"

"여성의 서사는 왜 늘 타인의 구원으로 끝나는가?"

"감정은 숨겨야 하는 것인가, 풀어놓아야 하는 힘인가?"

03
창의적 지성들이 AI시대를 열다

순수 학문의 최고봉
프린스턴 대학교

땡볕 아래, 프린스턴으로

　프린스턴 입학처와의 약속을 앞두고 우리는 필라델피아를 떠났다. 뉴저지 프린스턴까지의 거리는 약 75킬로미터. 우버에 올라타자 일행은 하나둘 눈을 감고 조용히 휴식에 들었다. 창밖 풍경이 유유히 흘렀고, 차 안엔 낮은 레게 음악이 은은히 퍼지고 있었다.

　정오를 갓 넘긴 시각, 우리는 마침내 프린스턴 캠퍼스에 도착했다. 고딕 양식의 고풍스러운 건물과 현대식 건물이 어우러진 캠퍼스는 마치 과거와 미래가 겹쳐진 시간의 층위를 보여주는 듯했다. 알렉산더 로드를 따라 걷다 보니 왼편으로는 짙푸른 잔디가 정갈히 깔린 9홀 골프장이 펼쳐졌고, 캠퍼스를 감싸는 그 규모와 위용에 압도당할 수밖에 없었다.

　7월의 땡볕 아래 캐리어를 끌며 걷자, 이마와 등에 땀이 줄줄 흘렀다. 이동에는 우버가 편리했지만, 캠퍼스 곳곳을 둘러보기에는 렌터카가 더 나았을지도 모른다. 약간의 불편을 감수한 채, 우리는 묵묵히 프린스턴의 속살로 천천히 스며들었다.

화학과 건물에서 만난 미래의 노벨상 후보들

　우선 허기를 달래야 했다. 문을 연 카페를 찾기 위해 구글링을 한 끝에 다다른 곳은 화학과 건물, 유리 외벽이 빛나는 반듯한 신축 건물이었다. 방학이라 한산했지만, 거대한 실험실에서 몇몇 대학원생들이 실험에 몰두하는 모습이 보였다. 1층 로비를 지나 안쪽으로 들어가니 카페테리아가 보였다. 우리는 빵과 커피로 간단히 배를 채웠다. 맛은 기대에 못미쳤지만, 시장이 반찬이라 했던가. 얼큰한 국물에 김치와 쌀밥이 그리웠다.

　1층 로비의 벽면에는 화학과 재학생들의 명단이 얼굴과 함께 게시되어 있었다. 학부생과 대학원생 모두 환하게 웃는 모습에서 프린스턴의 자부심이 엿보였다. 아시아, 아프리카, 남미, 유럽 등 세계 각지에서 유학 온 인재들이었다. 몇몇 한국 학생도 눈에 띄었지만, 중국에서 유학 온 학생이 유독 많이 보였다. 노벨상 수상자 선배 교수들의 모습도 눈에 띄었는데, 그들과 함께 나란히 게시되어 있는 미래 학자들의 얼굴에서 광채가 나는 듯했다. 이렇게 멋진 대학에서 자신이 하고 싶은 공부에 빠져 사는 학생들은 얼마나 행복할까.

아메리칸 엘리트들이 빚어내는 학문의 요람

우리는 커피를 마시며 준비한 자료를 펼쳐놓고 이야기를 나눴다. 영국에 옥스퍼드가 있다면, 미국에는 프린스턴이 있다. 프린스턴은 옥스퍼드를 모델로 삼아 설립된 대학이다. 오늘날 한국 대학들처럼 미국 대학들 역시 취업과 연계된 실용 학문에 치우치는 경향이 강하다. 특히 서부 실리콘밸리 인근 대학들이 그렇다.

그러나 그런 흐름 속에서도 '진리 탐구'라는 순수 학문의 전당으로 우뚝 선 대학들이 있다. 중부의 시카고 대학과 동부의 프린스턴이 대표적이다.

프린스턴은 하버드, 예일, 유펜, 브라운 등 다른 아이비리그 대학들과 달리 의대, 법대, 경영대가 없다. 의학전문대학원, 로스쿨, MBA 과정도 없으며, 석사 과정을 별도로 운영하지 않고 석박사 통합 과정만 둔다. 대신 인문학, 사회과학, 자연과학 등 순수 학문 분야에서 세계 최고 수준을 자랑하며, 학계에 강력한 영향력을 행사한다. 특히 경제학, 철학, 심리학, 수학, 물리학, 천문학, 화학 등 거의 모든 기초 학문이 세계 최정상급으로 꼽힌다.

프린스턴의 명성은 교육 방식에서도 드러난다. 특히 '프리셉토리얼(Preceptorial)' 제도는 이 대학만의 자랑이다. 한 수업당 5~8명의 학생이 한 명의 교수 또는 조교와 밀도 높은 토론식 수업을 진행하며, 학생들은 질문과 응답 속에서 사고를 확장시킨다. 이 전통은 프린스턴 학문의 깊이를 가능케 한 토양이다.

장로회 정신과 학문적 전통

프린스턴은 대학을 중심으로 형성된 작은 마을이다. 필라델피아와 뉴욕의 중간 지점에 자리해, 차로 약 한 시간이면 두 도시 모두에 닿을 수 있다. 주말이면 프린스턴 학생들은 잠시 학업의 무게를 내려놓고 뉴욕이나 필라델피아로 나가 친구들을 만나거나 스포츠 경기를 즐기기도 한다.

프린스턴 대학교의 상징색은 주황이며, 마스코트는 호랑이다. 모토는 '하나님의 권능하에 번성하라(Under God's Power She Flourishes)'이다. 하버드가 자유주의 신학을 수용하자 이에 반발한 보수적 신학자들이 세운 프린스턴 신학교에서 오늘날의 프린스턴 대학교가 출발했다.

미국 초창기 대학들은 영국과 마찬가지로 신학자들에 의해 선교 목적으로 세워졌다. 옥스퍼드에서 독립한 신학자들이 케임브리지를 세웠듯, 하버드에서 갈라져 나온 신학자들이 예일과 프린스턴, 컬럼비아를 설립했다. 흥미롭게도 미국의 명문 대학들은 각기 다른 교파와 깊은 연관을 맺고 있다. 하버드, 예일, 다트머스는 회중교단에 뿌리를 두고, 프린스턴은 장로회, 컬럼비아는 성공회에 의해 설립되었다.

공부에 진심인 수재들의 낙원

프린스턴 대학교는 진정 공부에 열정을 쏟는 전 세계 인재들이 가장 선호하는 명문이다. 합격률이 4%대에 불과할 만큼 경쟁이 치열해, 합격의 문은 하늘의 별 따기처럼 좁다. 외대부고 학생들도 매년 도전하지만, 그간 단 18명만이 프린스턴 합격 통지서를 받았다. 이는 세계 최고 수준의 학업 능력과 함께 독창적 사고력, 리더십, 사회적 기여도 등 모든 면에서 탁월해야만 가능한 일이다.

2002년부터 2024년까지 22년 연속 U.S. 뉴스 & 월드 리포트 대학 평가에서 1위를 지키고 있는 프린스턴은 재정적 안정성 또한 독보적이다. 발전 기금은 400억 달러(약 52조 원)에 육박하며, 이는 교육과 연구에 대한 막대한 투자의 밑거름이 되고 있다.

전교생 기숙사 제공, 세계적 교수진 초빙, 국내외 인턴십 확대,

유학생도 전액 장학금 제공 등, 프린스턴은 최고의 교육을 위해 아낌없이 투자한다.

프린스턴을 빛낸 별들: 노벨상의 요람

프린스턴에서는 노벨상 수상자들과 마주치는 일이 그리 특별하지 않다. 2015년 경제학상을 받은 앵거스 디턴, 2016년 물리학상의 던컨 홀데인, 2021년 화학상을 받은 데이비드 맥밀런 같은 석학들이 구내식당에서 식판을 들고 학생들과 함께 줄을 서는 풍경은, 이곳에선 그저 평범한 일상의 한 장면이다.

물리학의 전설, 아인슈타인과 리처드 파인만의 발자취는 캠퍼스 곳곳에 배어 있다. 그들이 걸었던 길을 따라 걷고, 그들과 같은 공간을 공유한다는 사실만으로도 이곳의 학문은 추상이 아니라 숨 쉬는 현실이 된다.

1960~70년대, 프린스턴은 영국 케임브리지와 함께 케인스주의 경제학을 이끄는 양대 축이었다. 자유시장 이론을 앞세운 시카고학파와 정면으로 맞서며, 경제학의 미래를 둘러싼 지적 격돌의 한가운데에 섰다. 그 전통은 이후 폴 크루그먼 같은 신케인스주의 경제학자에게 이어졌고, 그는 프린스턴에서 이론과 현실을 넘나드는 날카로운 논쟁을 펼쳤다.

이 시기 프린스턴에서 박사학위를 받은 이준구, 정운찬 교수는 귀국 후 한국 경제학의 지형을 새롭게 그려나갔다. 또 다른 동문 미셸 오바마는 프린스턴에서 사회학을 공부한 뒤 하버드 로스쿨로 진학했고, 그곳에서 버락 오바마를 만나 미국 역사에 길이 남을 새로운 시대를 함께 열었다.

〈뷰티풀 마인드〉의 천재 수학자, '게임이론'의 전설

프린스턴을 이야기할 때, 존 내쉬를 빼놓을 수 없다. 게임이론의 거장이자 '내쉬 균형'으로 널리 알려진 그는, 영화 〈뷰티풀 마인드〉(2001)에서 러셀 크로가 열연한 실존 인물이기도 하다. 천재성과 광기, 수학적 통찰과 정신적 고통이 교차한 그의 삶은 단순한 전기가 아니라 하나의 서사시였다. "진정한 발견은, 세상을 바라보는 데서가 아니라, 마음속을 들여다보는 데서 비롯된다."는 영화 속 그의 대사가 귓가에 맴돈다.

2025년 현재, 프린스턴은 세계 수학계의 중심으로 우뚝 서 있다. 이 대학의 교수진과 졸업생 가운데 필즈상 수상자 15명, 울프상 17명, 아벨상 9명이 배출되었다. 2022년 필즈상을 받은 한국의 허준이 교수 역시 하버드와 스탠퍼드의 제안을 고사하고 프린스턴을 택했다. 이곳이 수학의 상징이기 때문이다.

불완전성 정리로 알려진 쿠르트 괴델, 현대 컴퓨터 구조의 초석인 '폰 노이만 구조'를 고안한 존 폰 노이만 또한 프린스턴의 강단에 섰던 인물들이다.

인공지능(AI)이라는 용어를 처음으로 제안하고, 이를 학문적 논의 수준으로 끌어올린 존 매카시 역시 칼텍을 졸업한 뒤 프린스턴에서 수학 박사학위를 받았다. 이 시기 그는 튜링 기계, 자동화 가능성, 계산 가능성에 천착하며, AI의 철학적 기초를 정립해 나갔다.

파인만과 아인슈타인의 발자취가 짙은 프린스턴

프린스턴은 현대 이론물리학의 성전이다. 에드워드 위튼, 후안 말다세나, 리처드 파인만, 알베르트 아인슈타인. 이들 이름만으로도 프린스턴이 어떤 정신을 품고 있는지 가늠할 수 있다. 원자폭탄을 만든 로버트 오펜하이머는 맨해튼 프로젝트 이후 이곳 고등연구소의 소장을 맡았다.

파인만은 MIT를 졸업한 뒤 프린스턴 대학원에서 박사학위를 받았고, 아인슈타인은 나치의 박해를 피해 이곳 고등연구소에 정착했다. 시카고대에서 박사학위를 받은 칼 세이건도 박사후과정을 프린스턴에서 수행하며 우주에 대한 사유를 이어갔다.

아인슈타인은 스위스 베른의 특허국에서 일하던 시절, 시간의 본질에 천착했다. 마을마다 시계가 달랐던 시대, 그는 뉴턴의 절대 시간을 부정하고 시간과 공간이 관찰자에 따라 달라진다는 놀라운 생각을 세상에 내놓았다. 일반상대성이론은 중력이 클수록 시간이 느려지고, 공간이 휘어진다는 사실을 밝혀냈다. 이 이론은 오늘날 스마트폰의 GPS 기술에도 적용되어, 이미 우리의 일상에 깊숙이 스며 있다.

프린스턴은 천재의 사유가 꽃피운 땅이다. 아인슈타인의 강의실은 지금도 원형 그대로 보존되어 있으며, 그의 뇌 일부는 연구 목적으로 프린스턴에 보관돼 있다. 이곳에서 과학은 단지 실험과 수식이 아니라, 우주와 인간을 향한 사유의 연장선이 된다.

아마존과 구글, 《위대한 개츠비》까지

프린스턴은 순수학문의 성지이자, 실용지식의 전선이다. 이곳에서 자란 인재들은 경제와 기술, 문학과 정책의 무대에서 빛나는 족적을 남기며 세계를 움직인다. 수학과 물리, 철학과 경제라는 이론의 줄기를 따라 자라난 졸업생들은 월스트리트의 심장으로 향했고, 투자은행과 헤지펀드, 사모펀드의 최전선에서 두각을 드러냈다.

세계 최대 인덱스펀드를 만든 뱅가드 그룹의 창립자 존 보글(경제학), 전자상거래의 제국 아마존을 세운 제프 베이조스(물리학·컴퓨터과학), 구글의 전 CEO 에릭 슈밋(전기공학), 세계 최대 헤지펀드 투 시그마의 공동설립자 데이비드 시겔(컴퓨터공학), 그리고 미국 통화정책을 좌우하는 연방준비제도 의장 제롬 파월(정치학)까지— 이 모두가 프린스턴이라는 울타리에서 출발했다.

문학의 세계에서도 《위대한 개츠비》의 저자 프랜시스 스콧 피츠제럴드(영문과 중퇴)가 이곳에서 젊은 날의 꿈을 키웠다. 프린스턴은 그에게 지성과 낭만, 계급의식과 허영이 교차하는 무대였고, 《위대한 개츠비》는 그 빛과 그림자가 투영된 소설이었다. 초록빛 등대를 향해 끝없이 팔을 뻗는 개츠비의 모습은, 프린스턴이 품은 꿈의 본질과도 닮아 있다.

2021년, 프린스턴의 존재감은 다시 한 번 도드라졌다. 노벨상 여섯 개 부문 가운데 다섯 부문에서 프린스턴 출신 또는 소속 교수가 수상자로 호명되며, 그 지적 전통의 깊이를 다시금 입증해 보였다.

합격의 비밀과 진짜 이야기

정해진 시간에 맞춰 우리는 프린스턴 입학처가 자리한 알렉산더 스트리트의 헬름 빌딩으로 향했다. 건물 입구는 이중 전자 키패드로 출입이 통제되고 있었고, 유난히 개방적이던 다른 대학들과는 달리 이곳의 분위기는 조용하면서도 위엄이 있었다.

작년 이맘때 처음 만났던 입학사정관을 1년 만에 다시 만났지만, 마치 자주 본 사람처럼 자연스러운 인사로 이야기를 시작했다. 우리는 작년과 마찬가지로 넓은 세미나실에 자리를 잡았다. 입학사정관 헬렌 도리니는 한국계였지만 한국어에는 익숙하지 않았다. 인사치레로 "얼굴이 좋아 보인다"고 말하며 웃었고, 가벼운 농담처럼 시작된 대화는 곧장 본론으로 파고들었다.

우리는 자연스럽게 외대부고 출신 합격생들의 이야기를 꺼냈고, 그녀는 '판타스틱 스쿨(Fantastic school)'이라며 환하게 웃었다. 자부심보다 먼저 든 감정은, 이 명문대에 걸맞은 인재를 꾸준히 보내야겠다는 책임감이었다.

"한 명의 원서를 검토하는 데 얼마나 걸리나요?"

안토니 선생님의 질문에 헬렌은 숨김없이 답했다. 두 명의 사정관이 최소 10분, 길게는 1시간 이상 한 학생의 서류를 읽는다고 했다. 특히 성적이 뛰어난 학생일수록 더 오랫동안 들여다본다. 성적표 한 귀퉁이에 찍힌 C 하나에도 눈길이 머문다. 그 이유를 추천서나 활동 내역 속에서 찾아내려 애쓴다는 말에서, 프린스턴의 시선이 얼마나 섬세하고 집요한지를 느낄 수 있었다. 대부분 대학들이 서류 한 건을 15~20분 내외로 검토하는 것과는 사뭇 다르다.

서류 심사는 두 차례에 걸쳐 이뤄진다. 1차 개별 심사를 거친 뒤, 입학 전형 위원회가 최종 결정을 내린다. 전공별 선발은 하지 않지만, 실제로는 지원서에 적은 전공과 입학 후 선택한 전공이 다른 경우가 전체의 60%에 이른다고 했다. 동아리만 500개가 넘는 학교답게, 프린스턴은 학업 성취는 물론 문화, 예술, 사회 문제에 이르기까지 '뚜렷한 개성'을 지닌 학생을 유독 반긴다.

한국 학생들을 위한 현실적 조언

무엇보다 중요한 것은 '학문에의 몰입'이었다. 단순한 점수의 높고 낮음이 아니라, 한 분야를 깊이 탐구해온 흔적과 태도, 그리고 그것을 떠받치는 지적 호기심과 내면의 동기를 본다고 했다. '아트 서플리먼트(Art Supplement: 비예술 전공 지원자가 자신의 예술적 능력을 추가로 보여주기 위해 제출하는 자료)'는 해당 분야 교수진의 별도 평가를 거치며, 추천서 역시 정제된 문장으로 2쪽 이내, 글자 크기 11포인트로 작성해달라는 실용적인 조언도 덧붙였다.

헬렌은 단호하게 말했다.

"프린스턴은 정말로 공부하고 싶은 것이 있는 학생을 원합니다. 경영대학이 없는 이유도 그 때문이에요. 비즈니스 자체가 목표라면, 이곳은 맞지 않아요."

한국 학생들에게는 특히 세 가지를 강조했다.

첫째, 완벽한 성적보다 자신만의 학문적 열정을 보여줄 것.

둘째, 단순한 봉사활동보다는 지속적이고 깊이 있는 사회 참여 경험을 어필할 것.

셋째, 에세이에서는 한국적 배경을 활용하되 진부한 이야기는 피할 것.

올해는 특히 지원자의 리서치 역량이 강조되었다. 단순히 어떤 연구를 했는지를 나열하는 것이 아니라, 그 경험을 통해 무엇을 배웠고 어떻게 성장했는지를 보여주는 것이 중요하다고 했다. 사정관의 마음을 움직이는 것은 사실의 나열이 아니라, 거기 담긴 사유와 성찰이라는 것이다.

재정 지원에 대해서도 그녀는 자부심을 감추지 않았다. 프린스턴은 '니드 블라인드(Need-Blind)' 정책을 운영해, 입학 심사에서 재정 상황을 고려하지 않는다. 전체 학생의 70%가 장학금 혜택을 받고 있으며, 졸업 때까지 학자금 빚 없이 학업에 전념할 수 있다는 점은 이 학교의 자부심이자 철학이었다.

그러나 현실은 냉정하다. 프린스턴의 학업 강도는 상상을 초월한다. 매주 수십 페이지에 달하는 논문을 읽고, 에세이를 써야 하며, 세미나에서는 교수와 동급생들 앞에서 자신의 견해를 논리적으로 방어해야 한다. 졸업 요건인 '시니어 논문'은 100페이지가 넘는 연구 프로젝트로, 많은 학생들이 가장 큰 도전으로 여긴다. 이처럼 치열한 학문적 훈련은 프린스턴이 학부 수준에서조차 리서치 역량을 중시하는 이유이기도 하다.

예일과 스탠퍼드 대학 경제학과에 모두 합격한 한 외대부고 학생이 프린스턴에만 불합격한 이유를 묻자, 헬렌은 이렇게 답했다. 거시경제학은 프린스턴이 세계 최고 수준의 경쟁력을 갖춘 분야다. 하지만 지원자가 아무리 우수하더라도 웬만해서는 특별하게 다가오지 않는다는 것이다. 너무 익숙하고, 너무 흔한 진로처럼 보이기 때문이다. 입학사정관의 눈에 진정한 '차별성'을 각인시키지 못한다면, 그 뛰어남도 인상 깊게 다가오기 어렵다. 오히려 어문학이나 인문학, 고고학처럼 상대적으로 적은 지원자가 있는 분야에서 자신만의 스토리와 열정을 설득력 있게 풀어냈다면 더 눈에 띄었을 것이라는 말도 덧붙였다.

  1시간 반가량 이어진 대화는 진지했지만 따뜻했고, 정보는 촘촘하면서도 현실적이었다. 우리는 헬렌과 작별 인사를 나눈 뒤 곧장 숙소로 돌아왔다. 쉴 틈도 없이, 다음 날 방문할 예일 대학교의 자료를 펼쳤다. 꿈의 여정은 아직 끝나지 않았다.

The Great Question

- **알베르트 아인슈타인(물리학)**

    "우주는 정말로 질서정연한가, 아니면 우리가 그렇게 믿고 싶은 것일 뿐인가?"

    "신은 주사위를 던지는가, 아니면 모든 것은 이유가 있어서 일어나는가?"

    "이해 가능한 세계 속에 살고 있다는 이 기묘한 행운은 어디에서 비롯된 것인가?"

- **리처드 파인만(물리학)**

    "당신은 정말로, 스스로 다시 설명할 수 있을 만큼 알고 있는가?"

    "세상의 복잡함을 얼마나 단순하게 꿰뚫어 볼 수 있는가?"

    "우리가 모르는 것을 기꺼이 받아들일 용기가 있는가?"

- **존 내쉬(수학/게임이론)**

    "이기심의 세계에서, 어떻게 공존의 해답을 찾아낼 수 있을까?"

    "모두가 이길 수 있는 전략은 정말 존재하는가?"

    "합리성이란, 단지 계산이 아닌 '관계'의 문제는 아닐까?"

🟢 허준이(수학)

"형식기하학의 도구로 조합론의 오래된 미해결 문제들을 풀 수 있는가?"

"수학은 정말로 논리만으로 완성되는가?"

"아름다움은 증명의 목표가 될 수 있는가?"

"우리는 왜, 풀리지 않는 문제 앞에서 멈추지 않는가?"

"복잡한 세계를 단순한 원리로 설명하려는 우리의 욕망은 어디서 오는가?"

🟢 폰 노이만(수학/컴퓨터과학)

"생명과 지능은 결국 계산 가능한 현상인가?"

"인간의 사고는 복제 가능한 체계인가?"

"선택과 전략은 수학으로 예측될 수 있는가?"

🟢 제프 베이조스(전자공학/컴퓨터과학)

"오늘이 내 인생의 마지막 날이라면, 지금 하려는 일을 할 것인가?"

"나는 후회하지 않을 결정을 지금 하고 있는가?"

- **에릭 슈밋**(컴퓨터과학/경영학)

  "기술이 인간을 위협하지 않으면서, 우리를 더 깊이 이해하고 더 넓게 연결하도록 하려면, 우리는 어떤 윤리와 철학을 준비해야 하는가?"

  "AI와 인간은 정말로 공존할 수 있을까, 아니면 우리는 그 미래를 다시 설계해야 할까?"

- **프랜시스 스콧 키 피츠제럴드**(문학/프린스턴 대학교 중퇴)

  "사랑은 욕망인가, 환상인가, 아니면 기억 속에 떠도는 유령인가?"

  "인간은 어떻게 닿을 수 없는 꿈을 좇으면서도, 그 불가능함을 견디며 살아갈 수 있을까?"

  "끝내 닿을 수 없는 이상을 좇는 삶은, 비극일까? 아니면 그 불가능한 열망 자체가 삶의 존엄일까?"

리더 양성, 진리 탐구의 명가 예일 대학교

뉴욕과 보스턴의 도시적 열기를 뒤로한 채, 우리는 칠월의 오후 코네티컷주의 항구 도시 뉴헤이븐으로 향했다. 청명한 하늘 아래 택시는 묵묵히 달렸고, 창밖으로 스치는 풍경은 마치 한 시대를 건너는 듯했다. 우리가 발 디딘 그곳, 예일 대학교는 단순한 대학이라기보다는 미국이라는 나라의 정신사를 직조해 온 성채 같았다.

예일의 시작, 그리고 지성의 성전 스털링 도서관

1701년, 미국이라는 나라가 생기기도 전이었다. 식민지 뉴잉글랜드의 목사들은 시대를 지탱할 인재를 기르고자 작은 학교를 세웠다. 신앙과 학문, 경건함과 사유가 어깨를 맞대야 한다는 믿음이 그 출발점이었다.

하버드가 점차 자유주의로 기울어가자, 보다 보수적이고 신중한 교육을 꿈꾸며 만들어진 이 학교는 처음엔 '컬리지 스쿨'이라 불렸다. 그리고 1718년. 한 웨일스 출신 상인이 작은 기부를 남긴다.

영국 동인도 회사의 부사장이었던 엘리후 예일. 그가 보낸 책과 자금은 예상을 뛰어넘는 울림을 남겼다. 학교는 그의 이름을 받아들이고, 이후 수백 년을 거쳐 '예일'이라는 이름은 전 세계 지성의 상징이 되었다. 하나의 이름이 하나의 역사가 되었고, 그 역사는 다시 수많은 질문을 길러냈다.

캠퍼스에 들어서자, 담쟁이넝쿨이 휘감은 고풍스러운 건물들이 조용히 말을 걸어왔다. 수 세기 전에도 누군가 이 길을 걸었을 것이다. 책을 품고, 사유에 잠기며. 그 건물들 사이로 예일 로스쿨이 모습을 드러낸다. 빌 클린턴과 힐러리 로댐이 젊은 날, 사랑을 키우며 공부에 몰두했던 곳이다.

그 로스쿨을 지나자, 성당처럼 웅장한 건물이 눈앞을 막아선다. 스털링 도서관. 예일의 심장부이자, 정신의 성소다.

나는 한참 동안 그 안을 걸었다. 방학임에도 열람실엔 숨죽인 열기가 감돌았다. 도서관은 단순히 책을 보관하는 장소가 아니었다. 공간 자체가 사유였고, 침묵조차 경건했다. 20대의 나로 돌아가 이곳에 파묻히고 싶다는 충동이, 문득 마음 한편에서 올라왔다.

도서관 1층에는 하늘을 향해 뻥 뚫린 원형 정원이 있었다. 나는 그 길을 따라 정원으로 나갔다. 파란 하늘이 열리고, 바람이 지나가고, 책을 덮은 학생들이 조용히 앉아 있었다. 놀라운 것은, 그 어디에도 담배꽁초 하나 없다는 사실이었다. 이곳에서는 쉬는 순간조차 무언의 질서와 존중이 유지되는 듯했다. 머리를 식히는 공간이 아니라, 마음을 가다듬는 장소처럼 느껴졌다.

도서관은 흥미롭게도 정문이 아닌 측면 문으로 들어가도록 설계되어 있다. 중세 유럽의 대성당을 연상시키는 위엄 있는 외관과 달리, 출입의 방식은 오히려 겸손과 침묵을 말하고 있었다. 1931년, 도서관이 완공되던 날. 당시 도서관장은 이렇게 말했다.

"이곳은 단순한 책의 저장소가 아니다. 학문이 신성하게 여겨지는 예배당이다."

그 말은 건물의 벽보다 더 깊고 무겁게 다가왔다.

캠퍼스를 나서며 고개를 들자, 뾰족한 첨탑의 교회들이 이따금 시야에 들어왔다. 지성을 탐구하는 공간 속에서도 인간의 정신적 높이를 잊지 말라는 듯, 그 건물들은 조용히, 그러나 단단히 서 있었다.

돌아나오는 길, 낯익은 무리를 만났다. 한국에서 온 학생들과 인솔 교사가 보였다. 대구과학고등학교에서 왔다는 교사의 말에 반가움이 일었다. 이 젊은이들이 예일에서 무엇을 보고, 마음 속에 어떤 질문을 품고 돌아갈지 문득 궁금해졌다.

학문의 본질을 추구해 온 예일의 정신

예일 대학교는 오랜 세월 미국의 법과 정치, 그리고 인문학적 전통을 이끌어온 지적 거점이었다. 실용을 앞세운 펜실베이니아나 뉴욕 대학교와는 달리, 예일은 프린스턴, 하버드, 시카고와 함께 학문의 근본에 천착해왔다. 한 분야의 전문기술인을 양성하기보다는 문명의 뿌리를 이루는 사유와 교양, 그리고 인류 보편의 가치를 탐구하는 데 중심을 둔 것이다.

예일 로스쿨은 그중에서도 단연 독보적이다. 미국 최고의 법학 교육기관이라는 명성은 허명이 아니다. 빌 클린턴과 힐러리 클린턴, 조지 H. W. 부시와 조지 W. 부시, 제럴드 포드, 그리고 대통령직과 연방 대법원장을 모두 지낸 윌리엄 하워드 태프트까지. 예일은 단순한 졸업장을 넘어 미국 권력의 중추를 관통하는 인적 네트워크의 한 축을 이루어왔다.

대법관의 면면 또한 예일의 위상을 증명한다. 클라렌스 토머스, 소니아 소토마요르, 브렛 캐버노, 새뮤얼 얼리토 등 미국 연방 대법원의 판결을 이끌어온 인물들이 모두 예일 로스쿨에서 길을 닦았다.

하지만 예일이 배출한 인재들은 정계에만 머물지 않았다. 로버트 루빈 전 재무장관, 페덱스 창립자 프레드 스미스, 〈타임(Time)〉지를 만든 언론의 개척자 헨리 루스, 노벨문학상 수상자 싱클레어 루이스, 그리고 드라마 스쿨 출신의 메릴 스트립과 폴 뉴먼까지. 예일은 사유와 감성, 통찰과 창조를 아우르는 이름이었다.

주류 경제학에 반기를 든 베블렌

학계에서도 예일은 시대의 이정표를 남겼다. 19세기 말, 소스타인 베블렌은 이곳 예일에서 "왜 인간은 과시를 위해 소비하는가"라는 질문을 품고 철학 박사 학위를 받았다. 이후 그는 《유한계급론》으로 자본주의 문명의 위선을 고발하며, 사회과학의 지평을 넓혔다. 베블렌의 질문을 따라가다 보면, 왜 인간들이 명품에 열광하고 허영기의 질곡에 빠져 사는지에 대한 답을 들을 수 있다.

대표적인 주택가격 지수인 '실러 지수'를 개발한 로버트 실러, 투기 자본의 광란을 막기 위해 '토빈세'를 제안한 제임스 토빈, 그리고 기후경제학이라는 새로운 영역을 연 윌리엄 노드하우스까지-현대 경제학의 흐름을 바꾼 이들 또한 예일의 품에서 자라났다.

예일은 늘 실용보다 본질을, 당장의 효용보다 깊은 사유를 중시해 왔다. 그리고 그 철학은 시대를 바꾼 이들의 생애를 통해 지금도 조용히 증명되고 있다. 그것이 예일이 '학교' 이상의 존재로 남아 있는 이유다.

예일을 예일답게 만드는 배움의 방식

예일 대학교는 학문을 '정해진 길'로 보지 않는다. 이곳에서는 1학년은 물론 2학년 전반기까지도 전공을 확정할 필요가 없다. 이는 단순한 제도의 유연성을 넘어, 인간의 사유가 유년기에서 성년기로 이행하듯 변화하고 진화한다는 신념에서 비롯된 설계다. 전공은 도착지가 아니라 탐색의 여정이며, 예일은 학생들이 다양한 지식의 숲을 거닐다 진정한 '자기 관심'을 발견하길 바란다.

입학 전형에서도 예일은 점수나 수상 경력 같은 외형적 성취보다 학생 개개인의 이야기를 중심에 둔다. "왜 이 활동을 했는가?", "무엇을 느꼈는가?" 이 질문에 대한 진정성 있는 답변이 수치로 환산할 수 없는 잠재력을 드러낸다.

추천서와 에세이, 그리고 교과 외 활동 전반에 걸쳐 드러나는

'일관된 서사'가 중요한 평가 요소라는 입학처의 설명은 예일이 어떤 학생을 찾는지 명확히 보여준다.

예일은 지원자가 STEM(Science, technology, engineering, and mathematics) 보충 자료나 예술 포트폴리오를 제출할 수 있는 기회를 제공하지만, 그것이 합격의 보증 수표가 되지는 않는다. 예일 입학 담당자 엘리샤의 비유가 인상적이었다. "그건 마치 같은 피자를 더 많은 조각으로 나누는 것과 같아요." 단순히 더 많은 것을 보여주는 것이 아니라, 거기에 깃든 동기와 의지, 그리고 자기 이해의 깊이가 중요하다는 뜻이다.

예일의 학문 공동체는 칼리지 시스템이라는 독특한 틀 안에서 구현된다. 14개의 레지덴셜 칼리지는 단순한 기숙사를 넘어 하나의 소우주다. 그 안에서 학생들은 함께 공부하고 토론하며, 때로는 식탁을 나누고 밤늦게까지 대화를 나눈다. 옥스퍼드와 케임브리지에서 영감을 받은 이 시스템은 경쟁보다는 연대를, 독식보다는 공유를 지향한다. 서로 다른 배경과 견해가 부딪히는 가운데 자라나는 사유는 날카롭되 따뜻하고, 그 속에서 자라는 인간은 단단하되 유연하다.

이처럼 예일은 교육을 '지식의 습득'이 아닌 '사고의 양육'으로 이해한다. 그것이 예일을 예일답게 만드는 가장 근본적인 힘이다.

예일 블루와 핸섬 댄, 품격과 열정의 상징

예일 대학교의 상징색은 품위 있는 '예일 블루'다. 단순한 색상이 아니라 18세기부터 이어온 고전적 기품과 지적 전통을 응축한 상징이다. 이 색을 입고 캠퍼스를 활보하는 마스코트는 불독, 이름도 전설적인 '핸섬 댄'이다.

1889년, 풋볼팀 주장이 펫숍에서 데려온 불독이 경기를 앞두고 상대 팀 마스코트에 으르렁거렸고, 그 모습에 학생들은 열광했다. 이 일화는 곧 전통이 되었고, 핸섬 댄은 '미국 최초의 살아있는 마스코트'라는 타이틀과 함께 예일의 투지와 충성심을 상징하게 됐다.

캠퍼스 곳곳에서 만날 수 있는 '핸섬 댄' 조형물들은 예일 학생들의 사랑을 받는다. 시험이나 면접 전 그 코를 문지르면 행운이 따른다는 미신은 입학을 꿈꾸는 방문객들 사이에서도 널리 퍼져 있다. 실제로 조형물의 코 부분만 유독 색이 바래 있어 그 믿음의 깊이를 짐작하게 한다.

예일의 운동부는 '불독스'라는 이름 아래 전통과 실력을 겸비한 팀들로 구성돼 있다. 그중에서도 미식축구팀은 하버드와의 백년지기 라이벌전 '더 게임'으로 유명하다. 매년 가을, 예일 캠퍼스는 예일 블루 물결로 뒤덮이고, 경기를 향한 열정은 학문 못지않은 무게를 지닌다. 조정팀 또한 강호로 손꼽히며, 템스강에서 벌어지는 하버드와의 대결은 동부 명문대의 품격 있는 자존심 대결이라 불린다.

216피트 높이의 고딕 양식 종탑, 해크니스 타워는 하루 세 차례 캐리용 연주로 예일 캠퍼스에 울려 퍼진다. 졸업식 전 마지막 연주는 '고별의 선율'로 불리며 재학생들에게 깊은 감동을 선사한다. 이 종소리와 핸섬 댄의 짖는 소리는 예일만의 독특한 정서를 이루는 상징적 요소다.

학문의 깊이와 스포츠의 열정, 그 어느 쪽도 놓치지 않겠다는 자세. 바로 그것이 예일을 예일답게 만드는 품격이다.

입학처에서 만난 따듯한 시선

힐하우스 애비뉴를 따라 걷다 마주한 예일 대학교 입학처. 고풍스러운 건물 안으로 들어서자 여름의 열기는 에어컨 바람에 씻기듯 사라졌다. 비록 한국계 입학사정관 존 이는 휴가 중이었지만, 우리를 맞이한 엘리샤 노튼의 따뜻한 미소는 긴장을 말끔히 풀어주었다. 그녀의 사무실에서 건네받은 시원한 음료를 마시며 나눈 대화는 예일이라는 거대한 이름 뒤에 숨은 진심을 엿볼 수 있는 시간이었다.

"예일이 가장 중요하게 여기는 자질은 무엇인가요?"

그녀는 주저 없이 대답했다.

"지적 호기심입니다."

리버럴 아츠의 전통 속에서 예일은 특정 분야에 갇히지 않고 폭넓은 탐구와 깊이 있는 사유를 장려한다. 실제로 예일은 2학년 말까지 전공을 선택하지 않아도 되며, 이는 학생 스스로 다양한 항로를 경험한 뒤 자신만의 방향을 정하도록 독려하는 제도다.

입학 사정의 핵심은 수치가 아니라 서사였다. 엘리샤는 에세이와 추천서에서 '일관된 내러티브'가 중요하다고 했다. 활동의 양보다 '왜 그것을 했는가'에 대한 깊이 있는 동기와 진정성이 더 큰 울림을 준다는 것이다.

예일은 미국 학생과 국제 학생을 동일한 기준으로 심사하며, 예술과 STEM 분야에 특화된 보충 자료 제출도 허용하지만 그것이 합격을 보장하지는 않는다. 그녀의 비유는 명쾌했다.

"같은 크기의 피자를 더 많은 조각으로 자르는 것과 같아요."

단순한 포트폴리오의 나열이 아닌 내면의 확신과 열정이 평가의 중심에 있음을 드러낸 말이다.

예일 역시 다른 아이비리그 대학들과 마찬가지로 '니드 블라인드(Need-Blind)' 정책을 갖고 있다. 재정 보조 신청 여부는 입학 사정에 영향을 미치지 않으며, 필요한 경우 전액 지원도 가능하다. 실제로 예일 학생의 60% 이상이 장학 혜택을 받고 있으며, 이는 '부모의 지갑보다 학생의 가능성'을 우선하는 대학의 철학을 분명히 보여준다.

예일이 남긴 질문

예일의 매력은 단지 '명문'에 머무르지 않는다. 그것은 질문을 품고, 타인을 경청하며, 깊이를 두려워하지 않는 삶의 방식이다.

담쟁이덩굴이 드리워진 캠퍼스, 깊이 있는 학문 탐구, 따뜻한 공동체. 예일은 단순한 교육기관이 아니다. 지혜를 추구하며 자신의 길을 묻는 젊은이들에게, 이곳은 나침반이자 등대이며 별자리가 되어 준다.

만약 여러분이 넓은 세상을 바라본다면, 예일 대학교라는 별을 향해 용기 있게 나아가 자신만의 빛나는 이야기를 만들어가는 것은 어떨까?

The Great Question

- **조지 H. W. 부시**(경제학)
  "우리는 어떻게 더 큰 공동선을 위해 봉사할 수 있는가?"

- **조지 W. 부시**(역사학)
  "자유는 모든 인류의 보편적 권리인가?"

- **빌 클린턴**(국제정치학/법학)
  "우리는 함께 더 나은 미래를 만들 수 있는가?"

- **제럴드 포드**(경제학·법학)
  "정의의 완성은 처벌인가, 치유인가?"

- **윌리엄 하워드 태프트**(법학)
  "국가를 움직이는 힘은 여론인가, 원칙인가?"
  "정치는 법을 따라야 하는가, 법이 정치를 따라야 하는가?"

- **로버트 루빈**(경제학/법학)

    "불확실한 세상에서, 우리는 어떻게 올바른 선택을 할 수 있는가?"

    "리스크는 피하는 것인가, 관리하는 것인가?"

- **프레드 스미스**(경제학)

    "정보는 즉시 전송되는데, 왜 물건은 그렇지 못한가?"

- **헨리 루스**(역사학)

    "미국은 세계에 어떤 역할을 해야 하는가?"

- **싱클레어 루이스**(영문학)

    "가장 위험한 시민은 질문하지 않는 시민이다. 속물성과 위선은 민주주의를 좀먹는 독이다. 그렇다면 묻지 않을 수 없다. 진실 없는 번영은 가능한가?"

- **메릴 스트립**(연극학)

    "예술은 진실을 말할 용기를 가졌는가?"

- **폴 뉴먼**(연극학)

    "재능은 개인의 것인가, 공동체의 자산인가?"

"성공이란 무엇을 위해 쓰여야 하는가?"

- **소스타인 베블렌(경제학/철학)**

"자본주의는 우리의 욕망을 어떻게 길들이고 있는가?"

"문명은 진보하고 있는가, 아니면 우아해진 탐욕에 불과한가?"

"왜 인간은 생존을 위한 소비보다, 과시를 위한 소비에 더 집착하는가?"

- **로버트 실러(경제학)**

"사람들은 왜 비이성적인 선택을 반복하는가?"

"경제학은 인간의 불완전함을 어떻게 다루어야 하는가?"

- **제임스 토빈(경제학)**

"자본의 자유로운 흐름은 항상 좋은 것인가?"

"금융시장은 실물경제에 어떻게 기여해야 하는가?"

- **윌리엄 노드하우스(경제학)**

"경제 성장은 기후 위기와 어떻게 공존할 수 있는가?"

"기후의 비용을 누가, 언제, 얼마나 부담해야 하는가?"

"현재의 번영이 미래 세대에게 어떤 대가를 남기는가?"

03

자유로운 학풍과 창의성의 요람 브라운 대학교

2024년에 이어, 2025년 7월에도 우리는 다시 설렘을 품고 브라운 대학교를 향해 걸었다.

로드아일랜드의 강렬한 태양 아래 땀을 흘렸던 작년과 달리, 올해는 보슬비가 내려 대지의 열기를 차분히 식혀주었다.

가장 먼저 시선을 사로잡은 것은 짙은 갈색과 진홍, 그리고 순백이 어우러진 브라운의 로고였다. 흔히 볼 수 있는 대학의 상징들과는 어딘가 결이 달랐다. 절제된 아름다움 속에 기품이 배어 있었고, 색채 하나하나가 이 대학의 정신을 응축해 전하는 듯했다.

건물의 문마다 새겨진 짙은 갈색의 톤, 카페와 라운지를 감싼

진홍색 포인트는 단순한 장식이 아니었다. 그것은 곧 브라운의 정체성이었고, 브라운의 정령은 그 색채를 따라 캠퍼스 곳곳에 조용히 깃들어 있었다.

프로비던스의 정신적 상징

입구에 서 있던 곰 조각상 '브루노(Bruno)'는 듬직하면서도 친근했다. 입학을 앞둔 신입생들 사이에서는 시험 전날 브루노의 발바닥을 쓰다듬으면 좋은 결과가 따른다는 속설이 전해진다. 갈색 털은 학교 이름과 절묘하게 어우러져 유쾌한 상징성을 더했고, 곁을 지나던 학생들의 웃음소리는 녹음 짙은 나무 그늘 아래 흩어졌다. 자유와 낭만이 어깨를 나란히 하는 이곳, 브라운 대학교는 첫인상부터 강렬한 울림을 남겼다.

잔디밭 너머, 고풍스러운 석조 건물 '유니버시티 홀(University Hall)'이 조용히 우리를 바라보고 있었다. 미국 독립전쟁 당시 병원으로 쓰였던 이 건물은 전쟁의 상처와 승리의 기억을 함께 품은 산 증인이었다. 켜켜이 쌓인 시간의 결은 마치 오래된 책의 냄새처럼 묵직했고, 바람은 그 옛 이야기를 조용히 들려주는 듯했다.

브라운 대학교는 미국에서 가장 작은 주인 로드아일랜드의 수도 프로비던스 언덕 위에 자리잡고 있다. 도시 중심을 굽어보는 칼리지 힐(College Hill) 위에서 브라운은 마치 프로비던스의 정신적 상징처럼 우뚝 서 있다. 이 도시는 유럽풍 건축과 아름다운 수로, 작지만 짙은 문화의 향기로 여행자를 유혹한다. 인구 20만이 채 안 되는 이곳이 보스턴과 뉴욕 사이에서 적지 않은 존재감을 뽐내는 이유는 어쩌면 브라운이 이 도시에 뿌리내리고 있기 때문일 것이다.

1764년, 미국이 아직 대영제국의 식민지였던 시절 브라운은 미국에서 일곱 번째 대학으로 문을 열었다. 하버드가 회중교, 프린스턴이 장로교, 펜실베이니아가 성공회에서 태어났듯 브라운은 미국 최초의 침례교회가 세워진 이 땅에서 같은 정신으로 태어났다. 그러나 오늘날 브라운은 종교의 울타리를 벗어나 진정한 자유와 다양성의 학문 공동체로 거듭났다.

도전적이고 역동적인 브라운의 학풍

브라운의 학풍은 살아 숨쉰다. 경직된 교과의 틀을 벗고 끊임없이 자기를 질문하며 새로운 지적 생태계를 확장해 나간다. 그 정신의 정수는 '오픈 커리큘럼(Open Curriculum)'에 담겨 있다. 필수과목이라는 강제의 울타리를 걷어내고, 각자가 삶과 세계를 읽어내는 자기만의 학문 지도를 그려나간다. 선택은 자유롭지만, 그 자유는 곧 책임이다. 예술과 물리학을 엮거나 정치철학과 유전학을 함께 묶는 배움의 설계는 지식의 수용이 아니라 창조의 행위다. 브라운에서 학문은 삶과 맞닿아 있다.

브라운 칼리지(Brown College)에는 인문학, 사회과학, 자연과학, 생명공학 등 80여 개의 '집중 분야 프로그램'이 개설되어 있다. '전공(major)'이라는 말 대신 '집중(concentration)'이라 부르는 이 명명법은 단어 하나에도 깃든 철학을 드러낸다. '전공'이 분과의 구분이라면 '집중'은 내면의 방향성이다. 깊이를 추구하되, 그 초점은 스스로 설정하라는 메시지가 담겨 있다.

교수와 학생의 관계는 수직이 아닌 수평이다. 강의실에서는 주입보다 대화가, 설명보다 질문이 더 자주 오간다. 한 학생은 철학 수업에서 품은 의문을 교수에게 이메일로 보냈고, 그날 저녁 캠퍼스 근처 카페에서 두 사람은 존재와 자유에 대해 두 시간 넘게 이야기를 나눴다. 이곳에서 교수는 권위가 아니라 호기심으로 말한다. 학부생도 연구의 중심에 선다. 'UTRA(Undergraduate Teaching and Research Awards) 프로그램'은 학생들이 일찍부터 연구 현장에 참여하도록 이끈다. 논문과 실험은 미래의 일이 아니라 오늘의 일상이다.

브라운은 제도 안에서도 실험을 멈추지 않는다. 인문학과 의학을 아우르는 8년 통합 과정 'PLME(Program in Liberal Medical Education)'는 MCAT 없이 의과대학으로 진학할 수 있는 문을 열어준다. 단순한 특혜가 아니다. 인간의 몸을 이해하기 전에 인간이라는 존재 자체를 성찰하라는 주문이다. 브라운과 로드아일랜드 디자인스쿨(RISD)이 함께 운영하는 이중 학위제 'Brown-RISD Dual Degree Program'은 학문과 예술의 경계를 넘나드는 5년간의 탐험이다. 6년 이상 학업을 중단한 성인을 위한 RUE(Resumed Undergraduate Education) 프로그램은 '배움에는 늦음이 없다'는 신념을 실천으로 증명한다.

이처럼 브라운의 학풍은 유연하지만 가볍지 않고, 자유롭지만 방임하지 않는다. 질문은 늘 현재형이며, 배움은 삶과 겹쳐진다. 이 대학에서 지식은 단지 외워지는 것이 아니라 살아 움직이며, 세계와 부딪히고, 스스로 변형하며 진보한다.

브라운에서 자유의 학풍을 만끽한 동문들

이 같은 교육 철학 속에서 브라운은 다채로운 인재들을 길러냈다. 〈해리포터〉의 '헤르미온느' 역으로 전 세계에 얼굴을 알린 배우이자 사회운동가 엠마 왓슨, 드라마 〈오피스〉의 짐이자 영화감독과 각본가로도 활약 중인 존 크래신스키, 에미상 수상 배우 로라 리니, 언론인이자 변호사였던 존 F. 케네디 주니어, CNN의 창립자 테드 터너, 퓰리처상 수상 작가 제프리 유제니데스, 그리고 《키르케》와 《아킬레우스의 노래》로 고전을 다시 노래한 매들린 밀러까지.

이들은 단지 이름이 알려진 졸업생이 아니라, 브라운이 추구해온 '자유로운 영혼'의 화신들이었다.

미국 최초의 여성 연방준비제도 의장이자 현 재무부 장관인 재닛 옐런, 석유 재벌이자 자선사업가로 널리 알려진 존 D. 록펠러 2세, 펩시콜라 CEO에서 애플 CEO로 자리를 옮긴 존 스컬리, 그리고 IBM의 2대 회장이었던 토머스 J. 왓슨 주니어도 모두 브라운의 교정에서 출발했다.

브라운은 화려한 전시장을 내세우기보다, 조용히 세상을 바꾸는 이들을 길러왔다.

한국인 동문들도 인상적이다. 정용진 신세계그룹 회장, 영문학자 백낙청 교수, 김용 전 다트머스대 총장이자 세계은행 총재, 하준경 대통령실 경제성장수석 등이 브라운에서 배움을 이어갔다. 그들 또한, 질문하는 삶을 멈추지 않았던 이들이다.

브라운 입학처의 속삭임: 자유와 도전을 꿈꾸는 자

입학의 문턱은 낮지 않다. 합격률은 매년 6% 남짓이다. GPA는 4.9 이상이어야 경쟁력이 있다. 수십만 명이 원서를 내고, 단 2천 명 남짓만이 합격장을 받는다.

우리는 캠퍼스 투어를 마친 뒤 입학처로 향했다. 국제학생 입학 담당 크리스티나 르마브르(Christina LeMarbre)는 환한 미소로 우리를 맞았다(2025년도엔 켄달 사정관과 인터뷰). 프랑스계로 보이는 그녀는 부드러우면서도 단단한 어조로 말했다.

"브라운은 혼자 잘하는 사람보다 함께 배우고 성장할 수 있는 사람을 원합니다. 오픈 커리큘럼을 충분히 활용하려면 내면에서 우러나는 동기와 자기 성찰의 힘이 필요하죠."

자신만의 틀을 만들고, 다양한 관점을 받아들이며, 공동체 속에서 자신의 시선을 제안할 수 있는 학생. 그런 이가 브라운의 교육 철학과 가장 잘 맞는다고 했다.

"Brown is a place where you can be yourself-and become your best self." 브라운은 당신이 '당신답게' 존재하면서 동시에 '가장 나은 자신'으로 성장할 수 있는 곳이다.

이 짧은 한 문장은 그녀의 말과 학교의 정신을 모두 압축해 보여주는 핵심이었다. 내향적인 학생에게는 다소 낯설 수도 있지만, 열린 사고와 진취성, 배움의 기쁨을 즐길 줄 아는 사람이라면 브라운은 기꺼이 그와 함께 걸을 준비가 되어 있다.

입학 심사는 신속하지만 치밀하다. 각 원서는 1차로 15~20분 검토를 거친 후, 유력 후보로 판단되면 2차 심사와 최종 위원회 논의를 통과해야 한다. 단 몇 줄의 에세이, 한 통의 추천서가 합격의 흐름을 바꿀 수도 있다.

브라운 대학교는 지식을 가르치기보다 '생각하는 법'을 가르친다. 이미 있는 정답보다 아직 쓰이지 않은 질문을 중시하는 곳이다. 누군가 정해놓은 길을 걷기보다 스스로 길을 낼 준비가 된 사람에게 브라운은 더없이 적합한 무대다. 이 캠퍼스에 깃든 자유의 정신은 오늘도 누군가의 열정과 맞닿기를 기다리고 있다. 그리고 어쩌면, 누군가는 이곳에서 인생이라는 이름의 질문을 처음으로 쓰게 될지도 모른다.

The Great Question

🔴 **엠마 왓슨(영문학)**

"페미니즘은 왜 모두의 문제가 되어야 하는가?"

"왜 성평등은 여전히 여성만의 의제가 되어야 하는가?"

🔴 **존 크래신스키(연극학)**

"어둠 속에서도 우리는 어떻게 희망을 이야기할 수 있는가?"

🔴 **로라 리니(연극학)**

"진정한 '나'로 살아간다는 것은 과연 무엇을 의미하는가?"

"타인의 기대에 맞춘 역할이 아니라, 내가 진정으로 원하는 삶은 어떤 모습일까?"

"예술은 감정을 소진시키는가, 아니면 되살리는가?"

🔴 **존 F. 케네디 주니어(미국사/법학)**

"우리는 어떻게 해야 아버지 세대의 꿈을 오늘의 삶 속에서 되살릴 수 있을까?"

- **테드 터너**(고전문학/경영학 중퇴, 훗날 명예 학사 학위 수여)

 "지구의 생명은 누구의 책임인가?"

- **매들린 밀러**(고전문헌학)

 "왜 신화와 역사 속 이야기들은 늘 힘 있는 자의 목소리로만 전해질까?"

- **재닛 옐런**(경제학)

 "경제는 누구를 위해 작동해야 하는가?"

 "우리는 정말로, 나와 다른 목소리를 귀 기울여 들어본 적이 있는가?"

- **존 D. 록펠러 2세**(경제학)

 "권리마다 책임이 뒤따른다면, 기회는 어떤 의무를 요구하는가?"

 "기회를 얻은 사람은, 무엇을 사회에 돌려줘야 할까?"

- **존 스컬리**(건축학)

 "당신은 설탕물을 팔며 평생을 보낼 것인가, 아니면 세상을 바꾸고 싶은가?"

 "당신은 평생 별 의미 없는 일을 하며 살 건가요, 아니면 세상을 바꾸는 일에 도전해 보고 싶나요?"

04
세계를 이끄는 최고의 지성 하버드

보스턴의 품에 안기며

우리는 보스턴 외곽의 한적한 마을, 에어비앤비 숙소에 짐을 풀었다. 문을 열고 들어선 순간, 이곳이 미국인지 한국인지 잠시 혼돈에 빠졌다. 거실의 TV부터 세탁기, 에어컨, 토스터에 이르기까지, 가전제품 대부분이 삼성 아니면 LG의 로고를 선명히 새기고 있었으니, 낯선 땅에서 마주한 반가운 풍경은 고향의 정취를 잠시나마 느끼게 했다. 곧 확인한 사실이지만, 하버드 대학교 입학처 로비에 걸려있는 대형 모니터 역시 삼성 제품이었다.

보스턴은 단순히 미국의 한 도시가 아니다. 이곳은 미국 독립 혁명의 뜨거운 피가 스민 발원지이자, 인근에 세계 최고 수준의 대학들이 똬리를 튼 지성(知性)의 요람이다. 보스턴 로건 국제공항 로비를 가득 메운 노벨상 수상자들의 사진이 이곳 매사추세츠 주의 자부심을 웅변해 준다. 미국인들에게 보스턴은 역사와 독립 정신, 지성과 문화적 뿌리를 상징하는 도시로 각인되어 있다.

북위 42°21', 서경 71°4'에 자리한 보스턴의 기후는 한반도의 원산시와 흡사하다. 1월 평균 -1.7도, 7월 평균 23도의 기온은 냉대 습윤 기후(Dfa)의 선형을 보여주며, 뉴욕시보다 겨울 추위가 조금 더 매서운 편이고 눈보라가 심한 곳이다.

찰스 디킨스가 칭송한 보스턴

영국의 대문호 찰스 디킨스는 미국 전역을 유람하며 쓴 《아메리칸 노트》(1850년)에서 노예제를 필두로 한 미국 사회의 모순에 날 선 비판을 가했지만, 보스턴에 대해서만큼은 칭송을 아끼지 않았다.

"시내는 아름답고, 그래서 모든 이방인들에게 아주 좋은 인상을 주는 것 같았다. 개인 가옥들은 대개가 크고 우아하고, 상점들은 지극히 훌륭하고, 공공건물들은 수려하다. (중략) 무엇보다 나는 진심으로 매사추세츠 주의 수도인 이 도시의 모든 기관과 자선단체들이 가장 사려 깊은 지혜와 박애, 인류애가 만들어낼 수 있는 가장 완벽에 가까운 시설이라고 생각한다."

그의 시선은 보스턴의 지적 우월함이 인근 케임브리지 대학의 조용한 영향력과 무관치 않다는 통찰로 이어졌다. 당시 케임브리지에 유일했던 그 대학은 바로 하버드였으니, 그가 언급한 케임브리지 대학은 바로 하버드 대학교다. 하버드가 문을 연 1636년에 조선에서는 병자호란이 발발했고, 디킨스가 미국으로 항해한 1842년에 조선은 위정척사로 서구 문화를 막기에 급급했으니, 그 엄청난 세월의 간극을 좁혀가며 산업화와 정보화에 앞서가는 우리 한민족의 초고속 DNA는 얼마나 대단한 것인가.

세상의 중심에 선 대학

우리 일행을 태운 택시가 보스턴 북서쪽 케임브리지로 접어들자, 붉은 벽돌과 담쟁이넝쿨이 어우러진 하버드 대학교 캠퍼스의 운치가 한 폭의 그림처럼 펼쳐졌다. 그 고요함 속을 걷는 순간, 시간마저 멈춘 듯 지혜의 속삭임이 귓가를 스쳤다. 오래된 도서관의 묵직한 공기, 캠퍼스 곳곳에서 책을 들고 고뇌하는 학생들의 모습은 마치 밤하늘에 영롱히 빛나는 지성의 별들을 보는 듯했다. 크림슨(Crimson) 색으로 불리는 하버드의 진홍빛 상징색이 캠퍼스 곳곳에, 그리고 학생들의 옷과 모자에 스며 있었다. 예일에는 불도그가 있고, 프린스턴에는 호랑이가 있다.

하지만 하버드는 동물이 아닌 한 사람이 상징처럼 자리하고 있다. 바로 존 하버드의 동상이다. 하버드 야드 중심에 앉아 있는 이 청동상은 캠퍼스를 찾는 이들에게 가장 많은 사랑을 받는다. 수많은 손길이 스쳐간 그의 발등은 유난히 반질반질하게 빛난다. 그 발을 만지면 하버드에 합격한다는 속설 때문이다. 진실이든 미신이든, 그 발에 손을 얹는 순간만큼은 누구나 간절한 꿈 하나쯤을 품고 있는 것이다.

1636년, 매사추세츠만 식민시에 속한 청교도들이 작은 목재 교실 하나를 세웠다. 유럽의 중세 대학 전통을 신대륙 아메리카에 옮겨 심고자 하는 열망에서 비롯된 일이었다. 이름은 후에 '하버드'가 되었다. 평생의 재산을 기부하고 짧은 생을 마감한 청년 목사, 존 하버드의 이름이 붙었다. 설립자는 아니었지만, 그 정신의 핵은 그의 이름에 담겼다.

이후 400년 가까운 시간이 흐르는 동안, 하버드는 단순한 대학이 아닌 하나의 '상징'이 되었다. 하버드가 있다 해서 케임브리지를 미국의 아테네라 부르고, 이곳에서 나왔다 하여 정책이 곧 철학이 되고, 학문이 곧 권력이 된다. 조지 W. 부시와 버락 오바마, 두 전직 미국 대통령이 모두 이곳 로스쿨의 졸업생이다. 철학자 존 롤스는 여기서 정의론을 썼고, 앨 고어와 마크 저커버그는 여기서 자퇴했다. 세상을 바꾸는 자와 세상을 읽는 자, 둘 다 이곳에서 길을 시작했다.

존 F. 케네디 스쿨, 하버드 로스쿨, 메디컬 스쿨, 비즈니스 스쿨, 이른바 '전문가 공화국'이라 할 만한 기관들이 하버드라는 이름 아래 가지런히 모여 있다. 세상을 움직이는 이론이 이곳에서 태어나고, 세계를 지휘하는 실천이 이곳에서 연마된다. 케네디 스쿨에서는 정치와 외교를 배우고, 로스쿨에서는 정의와 절차를 익히며, 메디컬 스쿨에서는 인간 생명의 존엄을 공부한다.

지성의 별들이 탄생하는 곳

오늘날까지 하버드가 명실상부 세계 '최고'의 지위를 굳건히 지키는 비결은 무엇일까. 그것은 유구한 역사와 전통, 타의 추종을 불허하는 학문적 우수성, 사회 전반에 미치는 막강한 영향력, 그리고 세계 최고 수준의 인재들이 한데 모여 만들어내는 시너지가 복합적으로 작용한 결과다.

하버드는 미국에서 가장 오래된 고등 교육기관으로서, 그 깊은 역사만큼이나 학문적 권위를 드높여 왔다. 세계 최고 수준의 연구와 학문적 탁월성은 하버드를 정점에 세운 핵심적인 힘이다. 인문학, 사회과학, 의학, 법학, 경영학 등 다양한 분야에서 세계를 선도하는 연구를 수행하며, 수많은 노벨상, 필즈상, 퓰리처상 수상자 등 당대 최고의 석학들을 배출했다. 각 분야의 권위자들이 교수진으로 재직하며 활발한 연구와 혁신적인 교육 시스템을 통해 학생들의 비판적 사고력과 문제 해결 능력을 길러주는 유연한 커리큘럼은 하버드 위상의 단단한 주춧돌이다.

시대를 이끄는 막강한 영향력을 가진 글로벌 리더들을 수없이 배출한 동문 네트워크 또한 하버드의 강력한 힘이다. 매년 전 세계 최상위권 인재들이 하버드로 몰려드는 것은 이 대학이 정상을 유지하는 또 다른 이유다. 3~4%대에 불과한 합격률은 하버드가 단순히 성적뿐 아니라 잠재력, 리더십, 다양성 등 여러 요소를 종합적으로 평가하여 최고의 인재를 선별하고 있음을 시사한다. 전 세계 각국에서 온 다양한 배경을 가진 학생들이 모여 학업적, 문화적 시너지를 폭발시킨다.

풍부한 자원과 인프라는 하버드의 심장을 뛰게 하는 피와 같다. 2024 회계연도 기준 약 532억 달러(약 76조 원)에 달하는 세계 최대 규모의 기부금은 최첨단 연구 시설, 풍부한 장학금, 다양한 프로그램을 운영하는 든든한 버팀목이다.

세계에서 가장 크고 방대한 장서를 자랑하는 하버드 도서관 시스템은 지식의 바다를 탐험하는 나침반이다. 특히 로스쿨 도서관에 소장된 '마그나카르타(Magna Carta)' 진본은 '왕도 법 아래에 있다'는 민주주의 헌법의 토대가 되었다.

시대를 밝히는 하버드의 별들

하버드 출신 인사들의 면면은 이루 헤아릴 수 없다. 시어도어 루스벨트, 프랭클린 루스벨트, 존 F. 케네디, 버락 오바마 등 미국 대통령들을 비롯해, 벤저민 네타냐후 이스라엘 총리, 재닛 옐런 미국 재무부 장관, 헨리 키신저 전 미국 국무부 장관 등 정치 거물들이 이곳을 거쳐 갔다.

특히 컬럼비아 대학교에서 국제관계학을 전공한 버락 오바마와 프린스턴 대학교에서 사회학을 전공한 미셸 오바마가 하버드 로스쿨에서 만나 부부의 연을 맺은 이야기는 학문의 전당에서 피어난 로맨스로 회자된다.

금융 및 재계 또한 하버드 출신 글로벌 리더들의 텃밭이다. JP 모건의 제이미 다이먼, 마이크로소프트의 빌 게이츠(중퇴)와 스티브 발머, 메타(구 페이스북)의 마크 저커버그(중퇴), GE의 제프리 이멜트, 블룸버그 그룹의 마이클 블룸버그, 한국은행 이창용 총재 등이 그들이다.

《월든》의 작가 헨리 데이비드 소로, 행동주의 심리학의 대가 스키너, 퓰리처상을 4회나 수상한 〈가지 않은 길〉의 시인 로버트 프로스트, 20세기 모더니즘 문학의 거장이자 《황무지》의 작가 T.S. 엘리엇, 세계적 지휘자 레너드 번스타인 등의 거장들도 하버드의 품에서 지적 양분을 얻었다.

정의론의 대가 마이클 샌델, '소프트 파워'의 중요성을 역설한 조지프 나이, 인지심리학의 거장 스티븐 핑커, 다중지능이론을 정립한 하워드 가드너, 이론물리학의 권위자 리사 랜들, 사회 불평등 연구의 매튜 데스몬드, 노화 연구의 권위자 데이비드 싱클레어 교수 등은 현직에서 학생들과 호흡하며 하버드의 지적 활력을 불어넣고 있다.

한국에서 베스트셀러였던 《총·균·쇠》의 저자 재러드 다이아몬드(현 UCLA 지리학과 교수)도 하버드 생화학과를 졸업했다. 정의론의 원조 철학자 존 롤스, 구조기능주의로 사회학 이론을 집대성한 탈코트 파슨스 역시 하버드에서 오랫동안 강단을 지켰으니, 이곳은 그야말로 살아있는 지성의 박물관이라 할 만하다.

하버드가 찾는 인재들

시대를 선도할 미래 지성들의 열정이 아로새겨진 캠퍼스를 거닐다, 우리는 브래틀 스트리트(Brattle Street) 86번지, 하버드 입학처 건물로 발걸음을 재촉했다. 10년 넘게 줄곧 한국 담당 입학사정관을 맡아온 주디 패팅턴(Judy Pattington) 사정관이 우리를 반갑게 맞아주었다.

작년에는 그녀의 사무실 안에서 인터뷰를 진행했지만, 이번에는 정원이 내려다보이는 널찍한 로비에 앉아 대화를 나누었다.

커피와 물이 준비되어 있었지만, 나는 시원한 냉수로 갈증을 달랬다.

이번 방문에서 가장 먼저 궁금했던 것은 트럼프 행정부의 하버드 압박에 대한 학교 측의 내부 분위기와 입장이었다. 김민경 부장의 질문에 주디 패팅턴의 답변은 단호하고도 일관되었다.

"우리는 하버드 동문들과 연대해 트럼프의 부당한 압력에 저항할 겁니다. 하버드는 변함없이 국제학생들을 유치해 다양성과 경쟁력을 유지할 겁니다. 우리는 하버드의 정신을 일관되게 지킬 것이며, 한국을 포함한 국제학생들이 동요하거나 위축되지 않기를 바랍니다."

예상보다 훨씬 강경하고 명쾌한 어조였다. 정말 그녀의 말처럼 하버드를 비롯한 미국 대학들의 입학 철학이 흔들림 없이 유지되기를 바랄 뿐이다.

지금까지 외대부고에서 하버드에 합격한 학생은 단 13명. 그만큼 쉽지 않은 길이기에, 우리는 이번 입학처 방문을 앞두고 각별히 준비했다. 하버드가 가장 중요하게 여기는 요소가 무엇인지 묻자, 패팅턴 사정관은 이렇게 답했다.

"탁월한 글쓰기 능력, 소통력, 그리고 자신이 좋아하는 분야가 어떻게 자신의 삶과 가치에 영향을 주었는지를 설득력 있게 보여주는 역량이 중요합니다."

그녀는 특히 "에세이나 이메일에서의 영어 표현력이 시험 점수와 괴리가 있다면 곤란하다"는 현실적인 조언도 잊지 않았다.

학생의 관심 분야, 과외 활동, 추천서가 서로 맥락을 이루는 일관성도 중요하다고 했다. 인성과 교우관계는 그 이상으로 중시된다.

"자신이 속한 커뮤니티에 꾸준히 기여하고, 다른 사람과 잘 지내는 학생을 원합니다."

하버드가 지향하는 공동체 정신이 자연스레 드러나는 말이었다. 이타적인 태도, 그리고 자신의 강점을 실질적 성과로 증명할 수 있는 학생에게는 자연히 시선이 간다고 덧붙였다.

미국 대법원의 '적극적 우대 조치(Affirmative Action)' 판결 이후, 자신의 문화적 배경을 첫 번째 추가 에세이(Supplemental Essay)에 녹여내는 것을 추천한다고 귀띔했다.

또한 "올림피아드 수상자의 경우 해당 학과 교수가 직접 원서를 읽고 싶어 한다"며, 특정 분야에서 탁월한 성과를 낸 학생에게는 전략적 선발 기준(Institutional Priority)이 작동할 수 있음을 시사했다.

하버드의 입학 심사 과정은 여타 명문대와 비슷하지만, 정교하고 치밀하다. 주디 사정관이 1차 심사를 맡고, 주목할 만한 원서는 소위원회를 거쳐 전체 위원회로 올라간다. 특히 한국 학생들의 원서는 30년 경력의 입학사정관 팀장이 참여하는 별도의 소위원회에서 검토된다는 점이 인상 깊었다.

위원회는 각 사정관이 선별한 원서들을 함께 논의하며, 한 건당 평균 10~15분, 추가 조사가 필요한 경우 한 시간 이상을 들여 심층적으로 검토한다. 유명 대회 수상 경력은 공식 웹사이트를 통해 교차 검증되기도 한다. 이 모든 과정이 하버드의 '꼼꼼함'을 증명하고 있었다.

주디는 친환경 건축 프로젝트를 주도한 가나 출신 학생의 사례를 언급하며, 아무리 뛰어난 학생이라도 하버드에서 배울 수 없는 분야를 희망할 경우 합격이 어려울 수 있다고 단언했다. 잠재력만큼이나 '현재의 학업 성과'도 중요하다는 것이다.

"자신을 있는 그대로 잘 드러내고, 배우는 걸 좋아하며 지적 호기심이 풍부한 학생, 또래나 교사, 커뮤니티로부터 배우는 데도 주저하지 않는 학생이라면 어디서든 환영받을 수 있어요."

또한 "굳이 리더나 회장이 아니어도 괜찮습니다. 추천서를 읽다 보면, 조용히 공동체를 위해 헌신해온 학생이 자연스럽게 눈에 들어옵니다"라며, 하버드는 겉으로 드러난 직책보다 보이지 않는 기여를 읽어내는 평가 방식을 중시한다고 강조했다.

아무리 화려한 리더십 경험이 있다 해도, 단순한 나열은 큰 의미가 없다. 왜 그런 활동을 선택했는지, 어떤 방식으로 공동체에 긍정적 영향을 미쳤는지, 그리고 그 과정에서 무엇을 배우고 어떻게 성장했는지를 자신만의 언어로 설득력 있게 보여주는 것이 중요하다고 덧붙였다.

하버드는 자신만의 시선으로 세상을 바라보고, 하버드에서의 배움을 다시 세상에 환원할 줄 아는 학생을 기다리고 있다.

패팅턴 사정관은 마지막으로 이렇게 말했다.

"융통성 있고 진실되며, 지적 호기심을 가지고 타인과 소통하길 즐기는 학생은 곧 좋은 룸메이트, 좋은 학생, 좋은 시민이 될 겁니다."

연극과 예술을 공부한 그녀의 배경 덕분인지, 지원자들이 제출한 예술 보충자료를 특히 흥미롭게 본다는 귀띔은 우리에게 소중한 정보였다.

와이드너 기념 도서관 앞에서 만난 한국 청년들

입학처 면담을 마치고 나오는 길, 시간의 제약 없이 충분히 이야기를 나눌 수 있어 홀가분했고, 정중한 환대에 기분이 푸근해졌다.

점심 무렵 간단히 요기를 했던 카페 타테(Tatte)를 지나, 우리는 캠퍼스 북스토어로 향했다. 유펜과 프린스턴에서도 그랬듯, 이곳에서도 인공지능 관련 서적들이 주요 코너를 차지하고 있었다.

하버드의 지성들은 이미 AI가 그려낼 미래의 윤곽을 탐색하고 있었다. AI는 인간의 경쟁자가 될 것인가, 아니면 함께 진화하는 동반자일까. 지금 우리는 이 질문의 끝을 알 수 없는, 뫼비우스의 띠 같은 사유의 고리에 서 있다.

서점 맞은편, 덱스터 게이트(Dexter Gate)가 보였다. 작년에는 무심히 지나쳤지만, 이번에는 그 고풍스러운 아치 아래로 걸음을 옮겼다. 하버드 야드를 가로지르자, 위엄 있게 자리한 도서관이 눈앞에 모습을 드러냈다. 하버드 도서관 시스템의 중심, 와이드너 기념 도서관(Widener Memorial Library). 350만 권이 넘는 장서와 방대한 인문·사회과학 컬렉션, 고요한 열람실과 탑승식 자료 검색대까지 갖춘 이곳은, 고전적 '책의 미로'처럼 지적 모험을 유혹하는 공간이다.

도서관 앞에서 낯익은 언어가 들려왔다. 대전과학고등학교 1학년 학생들이었다. 98명이 체험학습으로 이곳을 찾았다고 한다. 예일대에서 만난 대구과학고 학생들, 그리고 하버드에서 마주한 한국의 청년들. 이들은 지금 어떤 꿈을 품고 있을까. 어떤 질문을 가슴에 담고 있을까.

질문은 단지 지식을 향한 사다리가 아니다. 한 사람의 인생을 틀어놓고, 한 시대의 물줄기를 바꾸는 첫 단추다.

하버드의 묵직한 석벽 앞에 조용히 서 있는 대전과학고 학생들. 그들의 눈동자에 깃든 설렘과 긴장은, 우리가 한때 품었던 낯선 꿈의 표정과 닮아 있었다.

지금, 이 고요한 지성의 심장부에서 그들은 어딘가를 향해 질문을 던지고 있다. 그리고 우리는 안다. 세상을 바꾼 것은 언제나 정답이 아니라, 그 정답을 향해 홀로 던져진 단단한 질문 하나였다.

지혜를 품고, 세상에 나아가라

덱스터 게이트 위에는 두 개의 문구가 새겨져 있다. 안으로 들어올 때는 "들어와 지혜를 배우라(Enter to grow in wisdom)", 밖으로 나갈 때는 "나가서 조국과 인류에 봉사하라(Depart to serve better thy country and thy kind)." 이 짧은 문구는 하버드의 인재상과 학생 선발 철학을 절묘하게 압축하고 있다.

하버드 캠퍼스에 서면, 세상의 '무게'를 어렴풋이나마 느낄 수 있다. 붉은 벽돌 건물들 사이로 조심스럽게 발걸음을 옮기다 보면, 하버드의 모토 '진리(Veritas)'라는 라틴어가 새겨진 문장(紋章)이 눈에 들어온다. 학문의 목적이 단지 지식을 넘는 것임을, 진리와 정의, 그리고 실천이 맞닿아 있어야 한다는 것을 하버드는 오래전부터 알고 있었다.

하버드는 단지 엘리트의 요람이 아니다. 쌓은 지식의 탑이 오만하지 않도록, 공동체와 윤리의 이름으로 자정하려는 노력이 끊임없이 이어진다. 브루킹스 연구소나 카네기 재단 같은 싱크탱크 출신도 많지만, NGO와 풀뿌리 운동으로 향한 이들도 적지 않다.

하버드 강단을 내려와, 장애인 공동체 '라르쉬'에서 평생 헌신하다 생을 마감한 헨리 나우웬 같은 이가 대표적이다. 이러한 다양성과 자정 능력, 봉사와 희생의 정신이 하버드를 하버드답게 만든다.

주디 패팅턴 사정관이 "우선 세상을 더 아름다운 곳으로 만들려는 강한 열정과 의지를 가졌는지를 본다"고 힘주어 말한 것도, "남과 더불어 살 줄 아는 바른 인품과 뛰어난 리더십 역량"을 평가한다고 강조한 것도 모두 이 텍스터 게이트의 정신과 궤를 같이한다.

빌 게이츠가 전 재산의 99%를 사회에 환원하고, 마크 저커버그가 매년 수억 달러를 기부하며 나눔 실천에 앞장서는 것도 하버드 재학 시절 나눔에 관대한 문화적 토양 아래 청년 시절을 보냈기에 가능했으리라. 세상을 위해 나누고 봉사할 줄 아는 인재를 중시하는 하버드의 품격에 경외심을 느끼지 않을 수 없었다. 외대부고를 졸업하고 하버드에 진학했던 김푸른샘이 방학 때마다 아프리카와 캄보디아 등을 누비며 봉사활동을 해왔던 기억이 뇌리를 스쳤다.

그날 저녁, 식사 자리에서 덱스터 게이트의 문구는 자연스레 화두가 되었다.

"저 문구를 우리 HAFS에 적용해 보면 어떨까요?"라는 내 제안에 안토니 선생은 번뜩이는 아이디어를 내놓았다.

"합스에 들어올 때는 'Put the world into your dream(네 꿈에 세상을 담아라)', 학교를 나설 때는 'Put your dream into the world(네 꿈을 세상에 펼쳐라)'가 어떨까요?"

좋다. 운율도 좋고, 뜻도 깊다.

언젠가 우리 제자들도, 진리의 문장(紋章)을 가슴에 품고 세상을 향해 자신의 꿈을 펼치는 날이 오기를. 하버드의 정신처럼, 조용히 그러나 깊게 세상을 바꾸는 사람으로 자라나길 바란다. 진리를 배우고, 세상을 품고, 자신의 꿈을 펼쳐나가는 사람으로.

The Great Question

❗ **존 하버드**(신학)

"진리는 어디에 있을까? 우리는 그것을 어떻게 찾아야 할까?"

❗ **존 F. 케네디**(정치학/법학)

"나라가 나에게 뭘 해줄지 묻기 전에, 내가 이 사회를 위해 무엇을 할 수 있을지 생각해 보았는가?"

❗ **헨리 키신저**(정치학/역사학)

"서로 다른 나라와 사람들이 충돌하지 않고 함께 살아가려면, 우리는 어떤 질서를 만들어야 할까?"

"강한 힘과 올바른 정의는 어떻게 균형을 이루어야 할까?"

❗ **제이미 다이먼**(심리학/경제학/경영학)

"돈을 많이 버는 것만으로 좋은 회사라고 할 수 있을까?"

"회사는 사람들과 사회를 위해 어떤 책임을 져야 할까?"

"성공이란 무엇인가? 그리고 그것은 누구를 위한 것인가?"

● **빌 게이츠**(수학/컴퓨터과학/중퇴, 명예 법학박사)

"성공한 다음엔 무엇을 할 것인가?"

"내가 가진 것을 세상을 더 좋게 만드는 데 쓸 수 있을까?"

"지구와 인류가 당면한 문제 앞에서, 나는 어떤 선택을 할 것인가?"

● **스티브 발머**(응용수학/경제학)

"사실(fact) 없는 의견은 무슨 의미가 있는가?"

"우리가 믿는 숫자는 과연 진짜 사실(fact)인가?"

"우리는 정부와 사회에 대해 진짜로 아는 게 무엇인가?"

● **마이클 블룸버그**(전기공학/경영학)

"사익과 공익이 충돌할 때, 나는 어떤 선택을 해야 하는가?"

"내가 가진 능력과 자원을, 나만이 아니라 모두를 위해 쓸 수 있을까?"

● **헨리 데이비드 소로**(문학)

"자연과 함께할 때, 우리는 더 진실하게 존재할 수 있는가?"

"나는 진짜 나의 삶을 살고 있는가, 아니면 남이 정해준 삶을 따라가고 있는가?"

🟢 스키너 (영문학/심리학)

"사람의 행동은 바꿀 수 있는 걸까? 그렇다면 어떻게 그것이 가능할까?"

"내가 진짜 선택하는 걸까, 아니면 누군가 정해 놓은 길을 따라가는 걸까?"

🟢 T.S. 엘리엇 (문학/철학)

"지식이 늘어날수록, 왜 마음은 더 혼란스러울까?"

"그토록 많은 지식을 얻고도, 왜 지혜에는 이르지 못하는가?"

🟢 레너드 번스타인 (음악/철학)

"음악은 세상을 바꿀 수 있을까?"

"예술은 어떻게 인간의 상처를 치유하고, 세상을 더 나은 곳으로 만들 수 있을까?"

🟢 마이클 샌델 (정치학/정치철학)

"공정하다는 건 과연 무엇일까?"

"남들보다 앞선다고 해서, 정말 더 나은 사람일까?"

"열심히 했다는 이유만으로, 모든 걸 누릴 자격이 생기는 걸까?"

"성공은 오직 개인의 노력 때문일까, 아니면 사회가 만들어준 결과일까?"

- **존 롤스(철학/정치철학)**

"불공평한 세상에서, 진짜 공정함은 어떻게 만들어질까?"

"내가 어디에 태어날지 모른다면, 어떤 사회에서 살고 싶을까?"

"나만 잘 사는 게 아니라, 모두가 함께 잘 살 수 있는 사회는 어떤 모습일까?"

- **조지프 나이(정치학/국제관계학)**

"진짜 강한 사람은 어떤 사람일까?"

"21세기의 지도자는 어떤 방식으로 영향력을 발휘해야 할까?"

"사람들을 억지로 따르게 하는 것과, 스스로 따르게 만드는 것 중 무엇이 더 큰 힘일까?"

- **스티븐 핑커(심리학)**

"지식과 이성으로 세상을 더 좋게 만들 수 있을까?"

"세상은 정말 점점 나빠지고 있는 걸까, 아니면 우리가 그렇게 느끼는 걸까?"

- **하워드 가드너**(심리학)

  "인간의 능력을 IQ로 온전히 평가할 수 있는가?"

  "각기 다른 재능을 가진 아이들을 어떻게 가르쳐야 하는가?"

- **데이비드 싱클레어**(생물학/유전학, 분자생물학)

  "우리는 왜 늙는가? 그리고 그걸 멈출 수는 없는가?"

  "노화는 자연스러운 현상일까, 아니면 극복 가능한 문제일까?"

- **재러드 다이아몬드**(생화학/지리학)

  "왜 어떤 나라는 발전하고, 어떤 나라는 뒤처졌을까?"

  "옛날 문명은 왜 사라졌을까? 우리도 그렇게 될 수 있을까?"

  "우리는 과거의 실수를 반복하지 않으려면, 무엇을 배워야 할까?"

천재들의 공부 낙원
MIT

사색이 공학을 만나는 곳

7월의 보스턴은 무더위에 짓눌려 있었다. 햇볕은 아스팔트를 녹였고, 습기는 마치 젖은 담요처럼 몸에 달라붙었다. 하지만 찰스강 너머 MIT를 떠올리는 순간, 더위보다 먼저 달아오른 건 내 생각의 온도였다. 그곳은 단순한 대학이 아니었다. 과학과 공학, 수학과 상상이 고열로 융합되는, 하나의 거대한 실험장이자 사색의 용광로였다.

빠듯한 일정 탓에 직접 발을 들이진 못했지만, MIT는 지도 위의 지명이 아니라 상상 속에서 더욱 또렷해지는 정신의 풍경이었다. 케임브리지 한복판에 자리한 회색빛 건물들은 사진으로 보기에 무미건조한 관공서 같지만, 건물마다 1번, 2번, 3번처럼 숫자로 붙은 이름은 이곳의 삶이 얼마나 철저한 논리와 체계 위에 놓여 있는지를 웅변한다. 하버드가 붉은 벽돌과 담쟁이덩굴로 감성을 자극한다면, MIT는 절제된 미학과 간결한 질서로 이성을 자극한다.

그러나 그 건조한 외피는 착시에 가깝다. 내부 사진 속 복도는 미로처럼 얽혀 있고, 실험실의 불빛은 밤낮없이 깜빡인다. 벽면에는 공공 예술품이 불쑥 나타나고, 창 너머로는 수식과 회로, 알고리즘과 감정이 한데 얽힌 채 토론에 몰입한 실루엣들이 보인다. 현장에 서본 적 없어도, 그 풍경은 보고 듣고 읽은 이야기들 속에서 점점 더 분명해진다. 이곳에서는 땀방울조차 사유의 일부처럼 느껴진다.

MIT의 상징색은 그레이와 카디널 레드다. 감정을 절제하고 낡은 사고를 경계하라는, 지성의 자제력이 스며든 색이다. 로고에는 'Mens et Manus(멘스 에 마누스)'라는 라틴어 문구가 새겨져 있다. '마음과 손'-이 짧은 구절은 MIT의 철학을 정밀하게 요약한다. 머리로만 이해하지 않고, 손으로 직접 구현해 내는 것. 이론보다 실험, 철학보다 실행을 중시하던 1861년의 산업화 미국. MIT는 그렇게 시대의 요구에 응답하며 태어났다.

MIT가 세계 1위인 이유

오늘날 MIT는 단순히 공대 최고 수준을 넘어, 거의 모든 분야에서 세계 대학 순위 1위를 차지하는 명실상부한 글로벌 최고 대학이다. 공학, 물리학, 컴퓨터 과학, 수학, 경제학 등에서 압도적인 영향력을 행사하며, 해마다 수만 명의 지원자 중 오직 4%만이 입학을 허락받는다.

하지만 MIT가 찾는 사람은 시험 점수가 뛰어난 완성된 인재가 아니다. 아직 미완이지만 분명한 문제의식을 가진 사람, 세상을 바꾸고 싶다는 뜨거운 동기와 그것을 실행에 옮길 실천력을 지닌 사람이다. 정답을 외운 사람이 아니라, 좋은 질문을 던지는 사람. 그것이 MIT가 사랑하는 인간형이다.

MIT는 이공계 특화 대학이지만, 결코 인문학을 소홀히 하지 않는다. 모든 학생은 인문, 예술, 사회과학 과목을 필수로 이수해야 한다. 기술과 예술, 철학과 디자인이 융합하는 대표적 공간인 미디어랩은 그 상징이다. MIT의 '오픈코스웨어'는 세계 어디서든 누구나 무료로 강의를 들을 수 있게 한다. 지식은 권력이 아니라, 공유되어야 할 책임이라는 믿음이 이곳엔 살아 있다. 노벨 경제학상 수상자인 조지프 스티글리츠(컬럼비아대 교수)가 경제학 박사 학위를 받은 곳도 MIT이다.

MIT의 입학 문을 두드리려는 이들에게

MIT의 입학 사정관들은 숫자보다 서사를 읽는다. 고등학교 시절의 성적과 SAT 점수는 단지 문을 여는 열쇠일 뿐이다. 그 뒤로 이어지는 문장들은 '왜 이 학생이어야 하는가'를 말해야 한다. 에세이에서는 자신이 어떤 문제에 매혹되었고, 그 문제를 해결하기 위해 어떤 시도를 했는지, 그 과정에서 무엇을 배웠는지를 묻는다. 실패의 경험도 중요하다. 실패 앞에서 무너졌는가, 아니면 다시 도전했는가. MIT는 그 내면의 탄력성을 본다.

또한, 협업의 자세를 중시한다. MIT의 모든 학생은 '협력하는 천재'여야 한다. 탁월하지만 독선적이면 안 된다. '함께 문제를 풀어가는 능력'이야말로 MIT에서 가장 높이 평가받는 자질 중 하나다. 그래서 지원자의 활동 이력 중에서도 혼자서 만든 성과보다, 동료들과 함께 어떤 프로젝트를 수행했는지에 더 주목한다.

그렇다고 해서 봉사활동과 리더십 수상이 필수라는 의미는 아니다. 입학처가 진정으로 궁금해하는 건, 이 학생이 진짜로 궁금해한 문제는 무엇이었는가, 그것을 풀기 위해 삶의 에너지 일부를 어디에 투자했는가 하는 점이다.

MIT는 그 한 사람 안에 깃든 질문과 실험정신, 그리고 실패를 견디는 유연한 마음을 찾는다.

세계를 설계한 졸업생들

MIT는 단순히 학문을 가르치는 곳이 아니다. 미래를 설계하고 세상을 바꾸는 인재들이 길러지는 산실이다.

지금까지 100명 이상의 노벨상 수상자, 필즈상·튜링상 수상자, 혁신 기업 창업자와 과학자들이 이곳에서 2024년. 드롭박스(Dropbox)의 드루 휴스턴, AMD CEO 리사 수, 칸 아카데미의 살만 칸, 노벨 경제학상 수상자 폴 크루그먼, 전 UN 사무총장 코피 아난까지. MIT 졸업생의 이름을 따라가다 보면 어느새 현대 문명의 구조도를 완성하게 된다. 더 놀라운 건, MIT가 하버드보다 유니콘 창업자를 더 많이 배출했다는 사실이다. GPS의 기반 기술, 디지털 컴퓨터 구조, 나노기술, 합성 생물학, 인공지능 알고리즘까지, 이 모든 것이 MIT 실험실 어딘가에서 시작됐다.

MIT를 떠난 누군가는 지금쯤, 나사의 어느 회의실에서 인공지능으로 별들의 항로를 설계하고 있을 것이다. 그리고 언젠가, 이렇게 말하지 않을까.

"이 학교는 내게 정답을 준 적이 없다. 다만, 질문 속에서 오래 버티는 법을 가르쳐주었다."

천재들의 놀이터, 해커 컬처

MIT의 캠퍼스에서는, 벽에 이상한 장치가 붙어 있거나, 로봇이 복도를 돌아다니거나, 기계팔이 혼자 벤치를 조립하는 모습과 마주할 수 있다. 이 모든 게 MIT에선 일상이다. 이른바 '해커 컬처(Hacker Culture)'는 문제 해결 능력, 창의성, 실행력 세 가지를 시험하는 놀이이자 도전이다.

2006년, 캠퍼스의 상징인 그레이트 돔 위에 실제 크기의 소방차가 올라간 사건은 이 컬처의 백미다. 이는 단순한 장난이 아니라, 도저히 불가능해 보이는 일을 가능하게 만든 MIT 정신의 유쾌한 선언이었다. 그들은 혁신을 장난처럼 해낸다.

MIT는 실수를 금기시하지 않는다. 오히려 '지적 리스크'를 감행한 이들에게 아낌없는 박수를 보낸다. 이곳에선 실패조차 창의의 증거가 된다.

세계와 대화하는 교수진

MIT의 교수진은 그 자체로 살아 있는 교과서다. 노엄 촘스키, 폴 사무엘슨 같은 세계적 학자들이 평생을 연구하고 강의했던 곳이다. AI 연구의 아버지인 존 매카시는 MIT에서 1958년부터 1962년까지 연구교수로 재직했고, MIT에 AI 연구소를 창립한 마빈 민스키(2016년 타계) 교수도 MIT에 영롱한 빛을 남겼다.

현직 교수 중에는, 양자 컴퓨팅의 개척자 세스 로이드, AI를 이용한 암 조기 진단 시스템을 개발한 레지나 바르잘레이, 광유

전학을 창시한 뇌과학자 에드워드 보이든, 인터랙티브 데이터 시각화 툴 개발로 과학 커뮤니케이션의 혁신을 이끈 아빈드 사티야나라얀, 무작위 실험을 통한 빈곤퇴치 방법 연구로 노벨경제학상을 수상한 행동경제학자 에스더 두플로 같은 학자들이 지성의 최전선을 개척하고 있다.

이들은 지식을 강의하는 사람이 아니라, 새로운 분야를 여는 사람들이다. 이들의 존재는 학생들에게 도전이며 동시에 영감이다. 학문의 최전선이 교실 한복판으로 들어오는 경험-그것이 MIT의 일상이다.

질문이 시작이다

MIT가 던지는 질문은 단순하지만, 본질적이다. "왜 안 되는가?" 그리고 곧이어, "어떻게 하면 가능하게 만들 수 있을까?" 이 두 문장 사이의 간극을 탐색하는 일이, MIT가 세상을 바꾸는 방식이다.

MIT를 택하는 순간, 그들은 세상을 바꾸는 사명을 짊어진다. 코로나19 백신의 기초 연구, 디지털 암호화 기술, TCP/IP 프로토콜처럼 오늘의 세계를 움직이는 수많은 기술이 MIT의 실험실 어딘가에서 처음 태동했을지도 모른다.

MIT의 학생들은 기술만 배우지 않는다. 그들은 인간의 문제를 정의하는 법, 세상을 다시 바라보는 시각, 협력의 윤리를 함께 배운다. 정답보다 질문을 사랑하고, 완성보다 실험을 우선하며, 개인보다 공동선을 꿈꾸는 사람들. 천재들이 MIT에 모이는 이유는, 어쩌면 이곳이 정답을 가르치기보다, '좋은 질문'을 던지도록 이끄는 학교이기 때문인지도 모른다.

과학과 철학, 기술과 인문이 나란히 걷는 길목에서 MIT는 청년들에게 이렇게 묻는 듯하다.

'당신은, 무엇에 미쳐 본 적이 있는가? 그리고, 그 미침을 세상에 어떻게 쓰려 하는가?'

The Great Question

❗ **노엄 촘스키**(언어학/철학)

"인간 언어 능력은 타고나는 것인가, 학습되는 것인가?"

"우리는 누구의 시선으로 세상을 보고 있는가?"

❗ **폴 사무엘슨**(경제학)

"돈과 시장은 사람들을 더 행복하게 만들어줄 수 있을까?"

"정부는 언제 개입해야 하고, 언제 물러서야 하는가?"

❗ **마빈 민스키**(수학/전기공학)

"마음은 환상인가, 아니면 복잡한 구조인가?"

"인간의 마음도 기계처럼 설계할 수 있을까?"

"기계가 감정과 사고를 가질 수 있다면, 인간과는 무엇이 다른가?"

❗ **리사 수**(전기공학)

"한계 앞에서 우리는 어떻게 다시 길을 낼 수 있을까?"

"기술은 더 빠른 것이어야 할까, 더 의미 있는 것이어야 할까?"

❗ **드류 휴스턴(컴퓨터과학)**

"매일 반복하는 일이, 내가 꿈꾸는 나와 닿아 있을까?"

"내 시간은 지금, 내가 원하는 삶을 향하고 있는가?"

❗ **살만 칸(수학/교육학/컴퓨터과학)**

"왜 교실은 수백 년이 지나도록 바뀌지 않았을까?"

"왜 한 명의 교사가 서른 명의 학생을 같은 속도로 가르쳐야만 할까?"

"왜 좋은 교육은 여전히 돈과 지역, 배경에 따라 갈리는 걸까?"

"진정으로 좋은 교육이 모든 사람에게 공평하게 주어질 수는 없을까?"

"공부가 느린 사람도 끝까지 이해할 수 있는 방법은 정말 없는 걸까?"

❗ **폴 크루그먼(경제학)**

"경제는 좋아졌다고 하는데, 왜 내 삶은 나아지지 않을까?"

"정부 정책은 왜 부자보다 가난한 사람에게 더 가혹할까?"

"경제학이 옳다면, 왜 세상은 자꾸 더 불공평해지는 걸까?"

❗ **코피 아난(경제학/국제관계학)**

"지구는 하나인데, 왜 국가는 서로 등을 돌리고 있을까?"

"모두가 함께 살아가야 하는 세상에서, 왜 여전히 누군가는 배제되는 걸까?"

"우리가 지금 만들고 있는 세상은, 과연 미래 세대 앞에서 떳떳할 수 있을까?"

❗ **세스 로이드(물리학)**

"우주는 물질인가, 아니면 계산하는 기계인가?"

"생명과 의식은 정보 흐름일 뿐인가?"

"존재는 코드로 설명될 수 있는가?"

❗ **레지나 바르잘레이(컴퓨터과학)**

"기계가 병을 이해하고, 생명을 구하는 날이 올 수 있을까?"

"AI 기술은 이성과 연민을 함께 품을 수 있을까?"

06
프라이드 넘치는 강소 대학 애머스트

한여름 햇살이 매섭게 내리쬐는 이른 오후, 택시 창밖으로 매사추세츠의 푸른 숲이 아득하게 펼쳐졌다.

목적지는 애머스트(Amherst College), 미국의 수많은 대학 중에서도 유독 신비로운 이름으로 다가왔던 곳이다.

윌리엄스 칼리지와의 오랜 라이벌 의식, 로버트 프로스트와 에밀리 디킨슨의 흔적이 깃든 문학적 향기, 그리고 무엇보다도 자유로운 영혼의 지성을 키워낸다는 리버럴 아츠 칼리지의 정점이라는 명성이 우리의 발걸음을 재촉했다.

보랏빛 지성의 숨결이 드리운 캠퍼스

애머스트에 발을 디딘 순간, 눈에 들어온 것은 강렬한 보라색과 흰색의 조화였다. 이 색깔들은 애머스트의 상징이자 자부심으로, 학교 곳곳에 스며들어 고유한 정체성을 드러냈다. 마치 고대 로마의 황제가 입었을 법한 짙은 보라색은 지성과 고귀함을, 순백의 흰색은 순수함과 학구적 열정을 의미하는 듯했다. 교정에 우뚝 솟은 상징 동물인 맘모스 조형물은 묵직하면서도 위엄 있는 모습이었다.

애머스트는 보스턴에서 서쪽으로 약 두 시간 거리에 위치한 매사추세츠주 애머스트 타운에 자리 잡고 있다. 보스턴의 번잡함에서 벗어나, 푸른 숲과 나지막한 언덕으로 둘러싸인 이곳은 학문에 몰두하기에 더없이 완벽한 환경이다. 고풍스러운 붉은 벽돌 건물들은 오랜 역사와 전통을 고스란히 담고 있었고, 뾰족한 첨탑은 하늘을 찌르며 지식의 무한한 확장을 상징하는 듯했다.

캠퍼스를 거닐다 보면, 시대를 초월한 건축물과 자연이 어우러져 만들어내는 고요하고 평화로운 분위기에 저절로 마음이 차분해졌다. 캠퍼스의 분위기와 조경이 리조트에 놀러 와 있는 착각을 불러일으킬 정도로 아름다웠다. 잔디밭 옆으로 이어진 산책로는 사색에 잠기기에 좋았고, 쭉쭉 뻗은 단풍나무들은 가을에 빚어질 붉은 장관을 예고했다.

애머스트 대학은 매사추세츠 주에서 세 번째로 오래된 학교로서 1821년에 라이벌로 여겨지는 윌리엄스 칼리지에서 분리되어 설립되었다. 두 학교의 상징색이 보라색인 것은 뿌리가 같은 데서 연유한다. 윌리엄스가 형이고 애머스트가 동생인 셈인데, 두 학교는 앞서거니 뒤서거니 하며 리버럴 아츠의 정상을 놓고 양보 없는 경쟁을 한다.

소규모 수업이 일상화된 자유롭고 개방적인 학풍

애머스트 대학교는 1821년, 매사추세츠 주 의회의 인가를 받아 설립되었다. 초기의 설립 목표는 신학 교육을 통해 기독교 선교사를 양성하는 것이었지만, 시대의 흐름과 함께 점차 인문학 교육의 중심지로 변화했다. 폭넓은 인문학적 소양과 비판적 사고 능력을 함양하는 데 중점을 두는 리버럴 아츠 교육 철학에 대한 자부심이 대단하다. 애머스트의 학풍은 이러한 인문학 교육의 전통을 바탕으로 비판적 사고와 창의적 문제 해결, 그리고 끊임없는 질문을 장려한다.

무엇이 애머스트를 리버럴 아츠의 강자로 만드는가.

우선 '자유 교과과정(Open Curriculum)'을 들 수 있다. 1974년부터 운영된 이 시스템은 학생들에게 의무적인 전공이나 학점

이수 요건 없이, 스스로 원하는 대로 수업을 선택하고 학위를 취득할 수 있는 완전한 자유를 부여한다. 이는 학생들이 자신의 관심과 호기심을 따라 다양한 분야를 탐색하고, 융합적 사고력과 비판적 문제 해결 능력을 키우며, 자신만의 독특한 학문적 경로를 설계하도록 장려한다. 마치 넓은 바다에서 스스로 나침반을 들고 항로를 개척하는 탐험가처럼, 학생들은 주도적으로 자신의 교육을 이끌어간다.

이러한 자유로운 커리큘럼은 학생들이 다양한 분야를 탐색하고, 자신만의 고유한 학문적 경로를 만들어 나갈 수 있도록 돕는다. 덕분에 학생들은 융합적 사고를 키우고, 세상의 복잡한 문제들을 다각도로 바라보는 시야를 넓힐 수 있다.

소규모 정예 교육과 교수-학생 간의 긴밀한 상호작용 또한 애머스트의 강점이다. 총 재학생 수가 약 1,900명 정도로 매우 작은 규모를 유지한다. 교수들은 학생 교육에 최우선 순위를 두며, 소규모 토론 중심 수업과 긴밀한 멘토링을 통해 학생 개개인에게 깊이 있는 지적 자극과 맞춤형 지도를 제공한다. '교수의 문은 항상 열려있다'는 말이 있을 정도로 학생들은 교수들과 활발하게 소통하며 학문적으로 성장한다.

학생 대 교수 비율이 7:1로 매우 낮아, 교수와 학생 간의 긴밀한 상호작용과 개별 지도가 가능하다. 마치 고대 그리스의 아카데미에서 스승과 제자가 함께 거닐며 지혜를 나누는 모습이 연상되었다. 이러한 환경은 학생들이 교수들의 깊이 있는 통찰력을 직접적으로 흡수하고, 자신의 질문에 대한 심도 있는 답변을 얻을 수 있도록 한다.

특정 학문 분야에 대한 압도적인 경쟁력을 가진 전공보다는, 학문 간의 경계를 허물고 융합적인 사고를 가능하게 하는 리버럴 아츠 교육 자체가 애머스트의 가장 강력한 특징이자 경쟁력이다. 하지만 굳이 꼽자면, 문학, 역사, 철학, 경제학, 정치학 등 인문 사회과학 분야는 전통적으로 강세를 보인다. 특히 뛰어난 교수진의 역량과 학생들의 열정이 시너지를 내는 곳이다.

컨소시엄이 만들어내는 시너지

5개 대학 컨소시엄(Five College Consortium)에서 애머스트는 주도적인 역할을 한다. 애머스트는 인근의 스미스 칼리지, 마운트 홀리오크 칼리지, 햄프셔 칼리지, 그리고 매사추세츠 대학교 애머스트와 함께 '5개 대학 컨소시엄'을 형성하고 있는데, 이 독특한 협력 시스템을 통해 애머스트 학생들은 다른 4개 대학의 6,000개 이상의 수업을 자유롭게 수강하고 학점을 인정받을 수 있다. 도서관, 스포츠 시설 등 여러 시설도 공유한다. 이는 소규모 리버럴 아츠 칼리지의 장점을 유지하면서도, 대규모 연구 대학만큼이나 폭넓은 학문적 선택지를 제공하는 시너지 효과를 창출한다.

강력한 재정 지원 및 다양성 추구 역시 애머스트의 강점이다. 애머스트는 'Need-blind admission'을 국제 학생에게도 적용하는 대학 중 하나이다. 즉, 지원자의 재정 상황과 관계없이 오직 학업적 능력만으로 합격 여부를 결정하며, 입학이 결정되면 필요한 학자금을 전액 지원한다. 이러한 정책은 경제적 배경에 상관없이 전 세계의 뛰어난 인재들이 애머스트에 모여 다양한 배경을 가진 학생들과 함께 배우고 성장할 수 있는 포용적인 공동체를 형성하는 데 크게 기여하고 있다. 인종, 문화, 사회경제적 배경의 다양성은 캠퍼스의 지적 활력을 더욱 풍부하게 만든다.

프로스트가 걷던 길에서 사색에 잠기며

애머스트 대학에는 로버트 프로스트(1874~1963)의 사유가 깃든 공간이 많다. 그는 생전에 미시간 대학교(1921~1927년), 하버드 대학교(1939~1943년), 다트머스 대학교(1943~1949년) 등 여러 대학에서 잠깐씩 강의했지만, 가장 깊은 인연을 맺고 오래 강의한 곳은 바로 애머스트 대학이다. 1916년부터 1938년까지 22년간 영문학 교수로 재직했으며, 이후에도 명예 교수로서 학교에 자주 방문했다. 프로스트는 단순히 강의만 하는 것이 아니라, 시인이자 사상가로서 학생들에게 영감을 주고 문학적 통찰을 심어주는 데 큰 역할을 했다고 한다.

프로스트가 매일 걸었을 법한 산책길의 벤치에 앉아 그의 대표 시 〈가지 않은 길(The Road Not Taken)〉를 읊어 본다.

노란 숲속에 길이 두 갈래로 났었습니다.
나는 두 길을 다 가지 못하는 것을 안타깝게 생각하면서,
오랫동안 서서 한 길이 굽어 꺾여 내려간 데까지,
바라다볼 수 있는 데까지 멀리 바라다보았습니다.

그리고, 똑같이 아름다운 다른 길을 택했습니다.
그 길에는 풀이 더 있고 사람이 걸은 자취가 적어,
아마 더 걸어야 될 길이라고 나는 생각했었던 게지요.
그 길을 걸으므로, 그 길도 거의 같아질 것이지만.

그날 아침 두 길에는
낙엽을 밟은 자취는 없었습니다.
아, 나는 다음 날을 위하여 한 길은 남겨 두었습니다.
길은 길에 연하여 끝없으므로
내가 다시 돌아올 것을 의심하면서….

훗날에 훗날에 나는 어디선가
한숨을 쉬며 이야기할 것입니다.
숲 속에 두 갈래 길이 있었다고,
나는 사람이 적게 간 길을 택하였다고,
그리고 그것 때문에 모든 것이 달라졌다고.

프로스트의 이 시는 삶의 선택과 그 선택이 가져오는 결과에 대한 깊은 사색을 남기고 있다. 이 시는 '어떤 길이 더 좋았다'는 해석과 '사실은 두 길이 별 차이 없었다'는 해석이 역설적으로 공존한다. 내 생각에는 아무래도 후자의 해석이 더 그럴듯해 보인다. 결국 이 시는 우리가 살아가는 동안 마주하는 수많은 선택의 순간과 그 선택의 불가역성, 그리고 시간이 흐른 뒤 그 선택에 의미를 부여하는 인간의 본성을 이야기하고 있는 것이 아닐까. 우리가 어떤 길을 택하든, 그 길은 결국 우리의 삶을 만들어가고, 우리는 그 선택에 대한 이야기를 만들어내며 살아간다는 의미를 함축하고 있는 것으로 느껴진다.

프로스트 외에도 애머스트에서 공부한 인재들이 많다. 세계적인 베스트셀러 소설《다빈치 코드》,《천사와 악마》의 작가 댄 브라운도 애머스트 영문과 출신이다. 노벨 경제학상 수상자이며 지금은 컬럼비아 대학교 교수로 있는 조지프 스티글리츠(MIT 경제학 박사), 하버드 대학교 사회학과의 전설 탈코트 파슨스도 애머스트 대학 동문이다. 파슨스의 경우는 애머스트에서의 전공이 생물학이었다는 점이 흥미롭다. 생물학에서 유기체론적 사고를 빌어 사회학에 접목하여 구조기능주의 이론을 창시했으니, 그의 사상의 뿌리가 이곳 애머스트에서 싹튼 것으로 보인다.

애머스트 캠퍼스는 북쪽 내륙으로 들어와서인지 햇볕은 따가워도 선선한 바람도 제법 분다. 필라델피아에서처럼 공기가 후덥지근하지 않아 쾌적하다.

애머스트가 원하는 인재상

길게 뻗은 잔디광장을 따라 걸어 내려가다 보니 왼쪽에 하얀색 건물이 보였다. 윌슨 입학 센터였다. 1층 로비에서 완 샤오펑(Xiaofeng Wan) 사정관이 우리를 맞이했다. 중국계 미국인으로서 국제 학생의 입학을 책임지고 있는 팀장급 사정관이다. 우리는 2층에 있는 그의 방으로 자리를 옮겼다. 그의 작은 집무실에서 1시간가량 대화를 나눴다.

샤오펑은 외대부고를 매우 잘 알고 있었다. 그는 작년에 유일하게 합격한 L군이 등록을 하지 않았는데 어디로 갔는지 궁금해했다. 역사학을 공부하기 위해 펜실베이니아 대학교에 등록했다고 답하자 고개를 끄덕이며 아쉬운 표정을 지었다.

"그래도 애머스트는 최고의 학생을 포기하지 않을 것이다", "선택은 학생이 하지만 자신들이 원하는 학생의 수준을 하향할 생각은 없다"고 강조하는 샤오펑의 목소리에는 자부심이 가득 차 있었다.

애머스트가 가장 중요하게 보는 것이 무엇인지 물었다. 샤오펑은 "같은 학교 내에서도 가장 뛰어난 학생, 즉 학업성취도가 매우 중요하다. 추천서에 상위 몇 %인지 표기해 주면 매우 도움이 된다"고 솔직한 견해를 드러냈다. 그는 "교과 외 활동에 최선을 다해 임하는 것도 중요하고, 학생들 가장 드러나게 하는 무엇인가가 있으면 좋다"고 덧붙였다.

AP와 관련해서는 "AP 시험 개수가 많을수록 좋은 것은 아니고 오히려 학교에서 제공하는 과목 이외의 AP 시험을 별도로 많이 보면 별로 긍정적으로 보지 않는다"고 밝혔다.

대학에서 권장할 만한 새로운 정보가 있는지 물었다. 샤오펑은 새로 개설된 '아시아계 미국인 태평양 섬 주민 연구(Asian American Pacific Islander Studies)'를 소개하며, 관심 있는 학생을 추천해 주면 좋겠다고 했다. 국제 학생 입학 관련 정보도 허심탄회하게 공유했다. 약 15,000개의 원서 중 40%는 국제 학생의 원서인데 매년 늘어나는 추세라고 한다. 130명 정도의 국제 학생들을 합격시키고 이 중 80여명 정도가 등록한다고 한다.

그간 지원한 외대부고 학생들의 특징에 대해 물었다. 샤오펑은 "독창성이 있는 원서, 진실성이 있는 열정과 관심사, 대학 다닐 준비가 잘 되어 있는 점" 등을 꼭 집어 언급하며 애머스트의 인재상에 잘 부합된다고 말했다.

대학에 적합한 인재상을 주제로 대화를 이어갔다. 샤오펑은 "배움의 폭을 넓히고 자신의 관심 분야를 스스로 깊게 파고드는 학생, 남들이 무엇을 하든지 상관없이 자신이 하고자 하는 것을 열정적으로 하고 싶어 하는 학생"이 애머스트가 찾는 인재상이라고 강조했다.

어떤 추천서가 도움이 되느냐고 물었다. 그는 "추천서 작성할 때 실질적인 예시들로 매우 직설적으로 표현해 주기를 희망했다. 지금까지 한 활동과 대회들을 나열하지 말고, 특별한 몇 가지를 부각하는 것이 좋다. 학생의 컨텍스트를 최대한 잘 드러낼 수 있는 추천서가 좋은 추천서"라고 강조했다.

원서는 1차로 2명의 사정관이 검토하고, 합격 가능성이 높으면 6명이 있는 전체위원회로 보내 다수결 익명 투표로 결정한다고 한다.

대화가 무르익다 보니 좁은 방에 열기가 가득 차올랐다. 대화를 마무리하고 우리는 입학처를 나섰다. 피로감이 몰려오며 갈증이 났다. 학교 입구에 있는 카페로 이동하여 목을 축였다. 카페에 앉자마자 김부장과 안토니 선생은 인터뷰 내용을 정리하느라 여념이 없었다. 많이 지쳤을 텐데도 그들의 눈은 빛나고 있었다.

애머스트는 그 이름처럼, 낯설지만 오래도록 마음에 남는 질문 하나를 남겼다. 나는 어떤 삶의 길을, 그리고 왜 그 길을 택하려 하는가.

> **The Great Question**

● **로버트 프로스트(영문학)**

"당신은 인생의 갈림길에서, 어떤 길을 선택할 것인가?"

"남들이 가는 길이 아니라, 내가 믿는 길을 갈 용기가 있을까?"

"내 선택이 나의 삶을 바꾼다면, 나는 어떤 기준으로 선택해야 할까?"

● **댄 브라운(영문학)**

우리가 믿는 진실은 어디까지 사실이고, 어디서부터 꾸며진 걸까?

숨겨진 비밀은 누가 감췄고, 그걸 밝혀야 할 책임은 누구에게 있을까?

과학과 종교는 정말 서로 맞서는 걸까, 아니면 같은 진실을 다른 말로 풀고 있는 걸까?

● **탈코트 파슨스(경제학/사회학)**

"사회는 어떻게 다양성과 갈등 속에서도 통합과 질서를 유지할 수 있을까?"

"사람들은 각자 자유롭게 살아가는데, 사회는 왜 무너지지 않고 유지되는 걸까?"

❗ **완 샤오펑(입학 사정관)**

"당신은 왜, 무엇에, 어떻게 몰두했는가?"

"당신은 남과 비교하지 않고, 자신만의 길을 주도적으로 걸어왔는가?"

리버럴 아츠의 최정상 윌리엄스 칼리지

작지만 강한, 인문학적 사유의 중심

깊은 산골짜기. 윌리엄스는 지도상으로는 외진 곳이지만, 수많은 사유의 중심지로 여전히 빛나고 있었다. 이번 여정에서 코넬과 윌리엄스를 방문하지 못한 것이 못내 아쉽다. 두 학교 모두 말 그대로 오지에 자리 잡고 있어 동선을 맞추기 어려웠기 때문이다. 그러나 윌리엄스를 이야기에서 생략할 수는 없다. 그곳은 안토니 김 선생이 컴퓨터공학으로 학위를 받은 자랑스러운 모교이기 때문이다. UC 버클리와 동시에 합격하고도, 그는 주저 없이 그 외로운 산골짜기를 선택했다. 그 외로운 산골짜기엔, 분명 남다른 끌림이 있었을 것이다.

미국 리버럴 아츠 칼리지의 대표 주자를 꼽으라면 윌리엄스, 애머스트, 스와스모어, 그리고 웰즐리 정도가 있다. 이른바 '빅4'다. 그중에서도 단연 정상을 유지하는 학교는 윌리엄스다. 학문적 명성, 교수진, 교육 방식, 동문 네트워크까지 두루 갖춘, '작지만 강한 대학'이다.

소로가 이상향으로 그린 배움의 숲

윌리엄스 칼리지는 매사추세츠 서쪽 끝자락, 그림처럼 펼쳐진 버크셔 산맥의 품 안에 자리 잡고 있다. 캠퍼스를 중심으로 작은 마을 윌리엄스 타운이 형성되어 있고, 사방은 광활한 숲과 푸른 언덕으로 둘러싸여 있다. 외부의 소음과 유혹으로부터 완전히 격리된, 말 그대로 '공부만을 위한 환경'이다.

헨리 데이비드 소로마저 자신의 소설 《월든》에서 이상적인 자연 속 대학을 이야기하면서 이렇게 말했다.

"나는 아이들이 그저 마을 학교에 보내기만 하면 교육을 시키는 거라고 믿는 몇몇 가정을 보았다. 그러나 이 나라에서 무언가를 배웠다고 말하려면, 최소한 소나무 숲 그늘 아래서 글자를 배워야 한다고 생각한다. 윌리엄스 칼리지는 전국에서 가장 훌륭한 자연환경을 가진 학교 중 하나라고들 한다. 나는 예전에 거기 살며 공부했다고 말하는 학자를 만난 적이 있는데, 그는 더 나은 공부를 위해 그곳에 머물렀노라 했다."

그 고요한 풍경 속에서 외로움에 잠길 틈은 없다. 캠퍼스 안은 뜨거운 학문적 열정과 끈끈한 공동체 의식으로 가득하다. 누구도 혼자가 아니며, 어떤 질문도 가볍게 흘려보내지 않는다. 이곳에서 학문은 취미나 수단이 아닌, 삶의 태도이자 공동체를 구성하는 언어다.

보라색 암소의 자부심

윌리엄스 칼리지는 미국이 막 독립국가로 첫발을 내디딘 1793년, 에프리엄 윌리엄스의 유산으로 설립되었고, 초대 총장 에벤에저 피스크가 교육의 방향과 운영 체계를 정립했다. 설립 초기에는 지역사회를 이끌 인재 양성을 목표로 삼았으나, 200여 년이 지난 오늘날에는 미국을 대표하는 리버럴 아츠 칼리지로 우뚝 섰다. 세상을 통째로 배우고 질문하게 하는 그 전통은 지금도 강의실을 넘어 캠퍼스 전반에 깊이 배어 있다.

이 학교의 상징은 보라색 암소다. 보라색과 금색이 교색이고, 마스코트는 세상 어디에도 없는 '퍼플 카우(Purple Cow)'. 황당하다면 황당하지만, 역설적으로 윌리엄스를 상징하기에 딱 어울린다. 이 보라색 암소는 1895년 졸업생이자 시인이었던 젤릿 버지스의 시에서 유래했다.

"나는 보라색 암소를 본 적이 없다. 그리고 볼 거라고 생각하지 않는다. 하지만 본다면 꽤 놀라울 것이다."

세상에 없기에 더 오래 남고, 기이해서 오히려 뚜렷이 새겨지는 곳. 윌리엄스는 그런 학교다.

흥미로운 점은, 1821년 윌리엄스에서 갈라져 나온 애머스트 칼리지 또한 보라색을 상징색으로 삼고 있다는 사실이다. 형이었던 윌리엄스에서 갈라져 나온 동생 애머스트. 그 둘은 지금까지도 미국 리버럴 아츠 칼리지의 양대 산맥으로 경쟁하며, 서로의 존재를 거울삼아 성장해 왔다. 학문을 두고 벌이는 이 형제의 경쟁은 백년이 넘도록 팽팽하고, 그 긴장감은 학생들에게 고스란히 전해진다.

경쟁력 있는 대표 전공들

윌리엄스는 '리버럴 아츠'라는 이름 아래, 모든 학문을 균형 있게 아우른다. 하지만 그중에서도 특히 빛나는 전공들이 있다.

경제학 : 단연 윌리엄스의 간판 학과다. 이론적 탄탄함 위에 현실 응용력까지 겸비한 커리큘럼으로, 동부권 금융기관과 정책연구소들이 선호하는 인재들을 길러낸다. 국제 개발 경제, 노동시장, 환경경제 등 응용 분야도 강세다.

수학·통계학: 미국 대학생 수학 경시대회(Putnam Competition)

에서 꾸준히 상위권을 기록할 정도로 저력을 보여주는 분야다. 수리적 사고와 논리 전개 능력을 갖춘 학생들에게 이상적인 훈련장이 된다. 수업은 체계적이지만 유연하고, 수학적 아름다움을 탐구하는 여유도 잊지 않는다.

컴퓨터 과학: 최근 비약적으로 성장한 전공으로, 인공지능, 데이터 과학, 소프트웨어 공학 등 신기술 분야를 아우른다. 대형 연구 중심 대학에 비해 자원이 한정됨에도 철저한 교수 밀착 교육으로 경쟁력을 확보했다. 안토니 김 선생이 걸었던 길이기도 하다.

심리학·신경과학: 실험 설계와 분석 능력을 중시하는 학풍 속에서, 인간 행동의 기제를 과학적으로 탐구하는 훈련이 이뤄진다. 의대 및 임상 심리 전공 지망 학생들에게 인기 있는 트랙이다.

예술사·문예 창작: 시각예술과 인문학이 교차하는 교육 모델을 제공한다. 윌리엄스 타운에 위치한 클라크 미술관은 세계적 컬렉션을 보유한 미술관으로, 학생들은 이 공간을 교실 삼아 수업을 듣는다. 미술 작품을 직접 감상하며 사유하는 수업은 사뭇 특별하다.

이처럼 윌리엄스는 인문과 자연과학을 따로 놓지 않고, 교차로를 만들어 사유의 지평을 확장하게 한다. 전공은 하나지만, 그 깊이는 여럿이다.

윌리엄스 경쟁력의 원천, 옥스퍼드 식 '튜토리얼 시스템'

이 학교 교육의 백미는 '튜토리얼 시스템'이다. 단 두 명의 학생과 한 명의 교수가 한 학기 동안 한 주제를 깊이 있게 파고드는 학습 방식이다. 매주 논문을 쓰고, 상대의 글에 대해 비판적 논평을 하고, 교수의 피드백을 받아가며 토론한다. 옥스퍼드 스타일의 이 교육 방식은 미국 내에서도 극히 드물며, 윌리엄스는 이를 가장 정교하게 구현한 곳이다.

학생 A와 B가 매주 돌아가며 5쪽 분량의 에세이를 쓴다고 상상해 보자. 한 명이 글을 쓰면, 다른 한 명은 그 글을 비판적으로 읽고 토론 준비를 한다. 교수는 논쟁의 방향을 다듬어주되, 결론을 내리지 않는다. 그렇게 열여섯 주가 지나면, 지식은 그들 자신의 언어로 다시 태어난다.

이 고된 훈련 속에서 학생들은 논리적 사고, 문해력, 자기 표현력을 체득한다. 무엇보다 '깊이 사유하는 힘'을 키운다. 윌리엄스는 그러한 힘을 갖춘 사람을 세상에 내보낸다. 사유를 깊이 밀어붙일 줄 아는 사람. 자신의 언어로 말하고, 타인의 언어에 진심으로 귀 기울일 줄 아는 사람.

지식이 아니라 지성의 힘을 키운다는 점에서, 윌리엄스의 교육은 여전히 고전적이며 동시에 가장 현대적이다.

세상을 리드하는 개척자들

윌리엄스 출신들의 진로는 놀랍도록 다양하다. 골드만삭스와 매킨지, 구글과 메타, 스탠퍼드와 하버드 대학원뿐 아니라, 공공 부문, 예술계, 비영리 단체 등 사회 구석구석에 그들이 있다.

〈욕망이란 이름의 전차〉, 〈에덴의 동쪽〉, 〈워터프론트〉 등 주옥같은 고전 영화를 만든 영화 감독 엘리아 카잔이 윌리엄스에서 공부했다. 이밖에 연방 대법원장으로 미국 사법부를 이끈 스티븐 필드, 아프리카계 미국인 여성 최초로 시를 통해 퓰리처상을 받은 트레이시 K. 스미스도 모두 이 학교의 졸업생이다. 각기 다른 시대, 다른 분야에서 이들은 새로운 길을 스스로 열었다.

이 학교는 '엘리트'를 키우려 하지 않는다. 다만, '스스로 길을 내는 사람'을 양성하고자 한다. 윌리엄스에서 보내는 4년은 좁은 산골에 갇힌 시간이 아니다. 그것은 오히려, 내면의 우주를 탐험하는 긴 여정이다. 그 여정을 끝낸 사람은 외부 세계를 두려워하지 않는다. 이미 가장 깊은 곳을 다녀왔기 때문이다.

버크셔의 숲, 보라색 암소, 질문 많은 청춘들. 윌리엄스는 지금도 그 산속에서 조용히 타오르고 있다. 그 고요함은 결코 침묵이 아니다. 그것은 생각하는 이들의 열기다. 그들의 성실한 사유가 세상을 조금씩 바꾸어가고 있다.

'자기 질문이 있는 인재'를 찾는 윌리엄스

윌리엄스가 입학 과정에서 가장 중요하게 여기는 것은 한마디로 '지적 성실성과 인간적 진정성'이다. 이 학교는 뛰어난 성적만으로 문을 열어주지 않는다. GPA, SAT/ACT 같은 수치는 기본 조건일 뿐이다. 윌리엄스는 그 너머를 보고자 한다.

입학 사정은 'holistic review(홀리스틱 리뷰)', 즉 종합적 평가 방식이다. 지원자 한 명의 서류를 네다섯 명의 입학 사정관이 읽는다. 그들은 성적표뿐 아니라, 에세이, 추천서, 교과 외 활동, 인터뷰 등을 종합적으로 살핀다. 지원자의 글에서 '자신의 생각으로 사고할 줄 아는 사람인지', 추천서에서 '공동체 속에서 타인과 어떻게 어울렸는지'를 읽어낸다.

무엇보다 윌리엄스는 '질문하는 사람', '탐구하는 사람', '성찰할 줄 아는 사람'을 원한다. "왜 배우는가?", "어떻게 살아야 하는가?"를 진지하게 묻는 학생이라면 이 학교와 잘 어울린다. 그들은 '정답을 아는 학생'보다는 '자기 질문이 있는 사람'을 찾는다.

이토록 멋진 교육을 하고 있는 윌리엄스, 언젠가 그 숲길을 따라, 함께 질문을 던지는 하루를 꼭 걸어보고 싶다. 윌리엄스가 품은 고요한 열기 속으로.

> **The Great Question**

❗ **에벤에저 피스크**(신학/교육학)

"교육은 단지 지식을 채우는 것인가, 아니면 인간을 완성해 가는 길인가?"

❗ **젤릿 버지스**(문학/미술학)

"눈에 띈다는 것은 축복인가, 짐인가?"

"왜 우리는 평범함을 두려워하면서도, 특별해지길 갈망할까?"

❗ **엘리아 카잔**(연극학)

"예술은 세상을 비추는 거울인가, 아니면 세상을 흔드는 도화선인가?"

"진실은 늘 말해야 하는가, 아니면 때로 침묵이 더 깊은 윤리일 수 있는가?"

"양심을 따르는 일과 배신이라는 낙인 사이에서, 나는 어떤 선택을 해야 하는가?"

- **스티븐 필드(법학)**

    "정부가 개입하지 않는 것이, 오히려 더 정의로울 수는 없을까?"

    "이 변덕스러운 시대에, 법은 어떻게 정의를 고수할 수 있는가?"

    "국가의 손길은 어디까지 뻗어야 하며, 자유의 경계는 어디서부터 시작되는가?"

- **트레이시 K. 스미스(영문학/문예창작)**

    "과거의 상처는 지금의 나를 어떻게 빚었는가?"

    "이름조차 남기지 못한 존재들은 어떻게 기억될 수 있을까?"

    "우주는 침묵하는데, 우리는 왜 그 침묵 속에서 끊임없이 의미를 찾는가?"

    "시는 사람과 사람 사이의 거리를 잇는 다리가 될 수 있을까?"

08
AI 연구의 서막을 연
다트머스 대학교

숲속에 숨겨진 작은 거인

    2025년 여름, 따가운 태양이 뉴햄프셔의 숲을 깊게 덮고 있었다. 보스턴에서 북쪽으로 두 시간 반을 달려 맨체스터와 콩코드를 지나자, 편도 2차선 89번 도로가 한적한 시골길로 길게 이어졌다. 매사추세츠 경계를 넘어 작은 도시 하노버에 다다랐다. 지도에서 눈길을 조금만 비켜도 놓쳐버릴 만큼 소박한 그 도시 한가운데, 다트머스 대학교는 숲의 품에 고요히 몸을 숨기고 있었다. 북위 43도의 선선한 바람은 한여름의 공기를 조금도 무겁게 하지 않았다.

    아이비리그의 이름 아래 다트머스는 늘 고요히, 그러나 단단하게 제 자리를 지켜왔다. 처음 캠퍼스에 발을 들인 순간, 이곳은 대학이라기보다는 숲속 마을 같았다. 고전적인 석조 건물과 붉은 벽돌은 나란히 줄지어 있었지만, 그보다 먼저 눈에 들어온 것은 잔디광장을 가득 메운 초록빛이었다. 학생들의 발걸음은 도시의 분주함 대신 자연의 리듬을 따르는 듯했다.

다트머스는 '엘리트의 기세'보다는 '공동체의 온기'를 키워온 학교였다. 베이커 도서관 앞으로 수령 백년을 훌쩍 넘긴 백합나무들이 중앙 잔디광장을 에워싸고 있는 풍경은 그 자체로 포근한 인상을 남겼다. 코네티컷 강가에 뿌리내린 다트머스는 스키장을 가진 유일한 아이비리그 대학이기도 하다. 멀지 않은 화이트마운틴은 호손의 소설 《큰 바위 얼굴》의 무대가 되었듯, 공부에 지친 학생들에게는 주말마다 자연으로의 도피처가 되어준다.

작은 규모, 깊은 밀도

아이비리그에서 가장 작은 학부 중심 대학. 다트머스에는 7천 명 남짓한 학생이 머문다. 그중 70퍼센트가 학부생이며, 교수 한 명당 학생 수는 7명 남짓이다. 스무 명을 넘지 않는 평균 수업 규모는 놀랍지 않다. 전체 수업의 절반 이상이 15명 이하 세미나로 진행된다.

뉴욕의 빽빽한 대학 타운이나 프린스턴의 광활한 캠퍼스와 달리, 다트머스는 너른 평지 위에 놓인 고요한 리조트 같다. 밀도 높은 환경은 리버럴 아츠의 전통과 맞닿아 있다. 학생들은 전공을 정해두고도 철학과 문학, 수학과 예술의 경계를 자유로이 넘나든다. 지식은 단편적인 정보가 아니라 통합적 사유와 공동체 속 성찰 위에 쌓여야 한다는 다트머스의 철학은, 작지만 단단한 교육의 근간이다.

1956년, 수학자의 머리에서 나온 AI

오늘날 'AI(Artificial Intelligence)'라는 말은 누구나 쉽게 쓰지만, 이 용어가 처음 학문적으로 태어난 곳은 바로 다트머스다. 1956년 여름, 이 대학에서 현대 인공지능 연구의 시발점이라 불리는 '다트머스 여름 연구 프로젝트'가 열렸다. 다트머스대 수학과 조교수였던 존 매카시가 제안서를 쓰고, 마빈 민스키, 정보이론의 선구자 클로드 섀넌, IBM의 네이선 로체스터가 뜻을 모았다.

인간의 학습과 지능을 기계가 모방할 수 있을지 함께 탐구하며, 그들은 처음으로 'AI'라는 이름을 붙였다. 사이버네틱스나 기계 학습 같은 기존 개념을 넘어, 인간의 지능을 본뜬 인공적 지능이라는 뜻을 분명히 담아낸 명명이었다. 그 짧은 제안서와 한여름의 작은 모임은 이후 수십 년간 AI에 대한 학문적 연구의 출발점이었고, 다트머스라는 이름을 '인공지능의 요람'으로 자리매김하는 계기가 되었다.

"모든 측면의 학습이나 지능의 다른 특징들을 기계가 시뮬레이션할 수 있을까?"

매카시가 던진 이 질문에 우리 인류는 어떻게 대답할 수 있을까.

숲이 길러낸 특별한 전공들

정치학과 국제관계학, 경제학, 공학, 환경학, 문예창작은 다트머스를 대표하는 전공이다.

정치학은 모의 유엔과 국제정치 시뮬레이션 등 실천적 학습이 활발해 졸업생 다수가 국무부와 NGO 등지로 진출한다.

경제학은 분석 중심의 커리큘럼 덕에 시카고학파적 색채를 띠며 투자은행과 컨설팅 분야에서 존재감을 발휘한다.

공학은 아이비리그 안에서도 드물게 학부에 정식 공학 학위를 부여하며, 팀 프로젝트 중심의 수업으로 명성을 쌓았다.

환경학은 '숲의 대학'이라는 별칭답게 재생에너지와 생태경제, 지속가능성 연구의 선두에 서 있다.

문예창작 또한 캠퍼스 문예지 운영과 작가 레지던시 프로그램 덕에 활발하다.

삶을 설계하는 도구, D-Plan

다트머스의 4학기제 시스템 'D-Plan'은 학생들 각자가 학업과 인턴십, 해외 교환을 자유롭게 설계할 수 있도록 돕는다. 여름엔 인턴십, 가을엔 수업, 겨울엔 해외 교환이라는 식의 유연한 조합이 가능하다.

D-Plan은 단순한 학기제가 아니다. 학생은 삶의 리듬을 스스로 설계하며 자율성과 책임감을 익힌다. 다트머스는 공부보다 더 큰 배움을, 즉 자신을 경영하는 법을 가르친다.

똑똑함보다 단단함을 보는 입학 전형

오늘 아침, 나는 초록색 티셔츠를 꺼내 입었다. 하버드를 방문할 땐 크림슨 레드를, 예일을 찾아갈 땐 예일 블루를 걸쳤듯, 이번엔 다트머스 그린과 하나 되고자 함이다. 여름 햇살이 잔디 위로 부드럽게 내려앉는 가운데, 우리는 캠퍼스 중앙의 넓은 잔디 광장을 가로질러 입학처 건물로 들어섰다. 고풍스러운 외관의 건물을 따라 2층으로 올라가니, 중년의 여성 한 분이 반갑게 우리를 맞이했다. 처음 보는 얼굴이었다. 명함을 주고받고 인사를 나눈 뒤, 그녀는 자신을 국제 담당 카운슬러 로빈 애플바이라고 소개했다. 이분은 다트머스 출신이며 부학장급 입학 사정관이다. 작년까지 한국을 담당하던 분이 필립스 엑스터 고등학교의 카운슬러로 자리를 옮기면서, 그 역할을 그녀가 맡게 되었다고 했다.

안토니는 새로 업무를 맡은 로빈에게 우리 학교의 강점과 커리큘럼의 특징, 학생들의 실력과 활동을 차근차근 설명했다. 준비해 간 브로셔를 펼치고 핵심을 짚어나갔다. 로빈은 한국 학생들에게 큰 관심을 보였다. 우리는 다트머스의 입학 전형과 인재상에 대해 많은 이야기를 주고받았다. 짧지 않은 시간이었지만, 매우 유익하고 생산적이었다. 먼 길을 하루 잡아 찾아온 보람이 있었다. 부디 올해 입시에서 친환경과 지속가능성에 관심이 깊은 우리 학생들이 좋은 소식을 들려주기를 바란다.

로빈에 따르면 다트머스는 조기 전형에서 3~4배 높은 합격률을 보인다. 학교를 1지망으로 삼은 학생의 진심을 그만큼 소중히 여긴다는 뜻이다. 평균 SAT 점수는 1500점을 훌쩍 넘지만, 수치만으로는 판단하지 않는다. 자기소개서는 '왜 이 학교인가?'보다는 '당신은 어떤 삶을 살며 무엇을 믿는가?'를 묻는다. 추천서는 공동체 안에서의 기여와 인성을 더 중시하고, 인터뷰는 지원자의 사유의 깊이와 인간적 매력을 살핀다.

다트머스가 찾는 것은 가장 똑똑한 학생이 아니다. 스스로를 성찰하고, 타인을 이해할 줄 아는 사람. 자기만의 질문을 품고 세상을 바라보는 시선이 있는 사람. 그것이 이 숲의 대학이 사랑하는 인간형이다. 로빈의 인자한 미소 속에는 그런 인재를 오래 기다려온 마음이 고스란히 배어 있었다.

'나비 효과'의 발원지

다트머스 대학교는 세계 대학 순위에서는 상대적으로 낮은 평가를 받지만, 그것은 어디까지나 구조의 문제일 뿐, 본질은 다르다. 특히 학부 중심 교육에 있어서는 미국 내 랭킹 12위권, 단순 학부 기준으로는 5위권 안에 들 정도로 높은 평가를 받는다. 졸업생들의 영향력은 그 순위보다 훨씬 강렬하다.

한국에는 김용 전 세계은행 총재가 이 대학의 총장(2009~2012년)을 지낸 인연 덕분에 다트머스가 다소 더 친숙하게 다가온다. 이곳 출신으로는 미 재무장관을 지낸 티모시 가이트너, 뉴욕주 주지사이자 미국 부통령을 역임한 록펠러 가문의 후계자 넬슨 록펠러, 나이키 CEO 존 도나호, 오픈AI의 CTO 미라 무라티, 그리고 카오스 이론의 창시자이자 기상학자 에드워드 로렌츠 등이 있다.

"브라질에서 나비 한 마리가 날갯짓을 하면, 텍사스에 폭풍을 일으킬 수 있을까?"

로렌츠가 던진 이 질문은 훗날 '나비 효과(Butterfly Effect)'로 명명되어, 과학은 물론 철학, 경제학, 심리학에 이르기까지 인과관계에 대한 통념을 송두리째 뒤흔들었다.

다트머스의 진짜 가치는 순위표가 아닌 삶의 방식에 있다. 겨울 눈 속에 고요히 묻힌 캠퍼스는 학생들로 하여금 사색에 잠기게 만든다. 고요한 숲속의 대학에서 학생들은 스스로를, 그리고 시대를 묻는다.

"나는 누구이며 무엇을 위해 배우는가?"

다트머스가 진정으로 가르치는 것은 지식이 아니라 지속 가능한 존재 방식이다. 유연하게 배우고, 단단하게 설계하며, 책임 있게 살아가는 법. 다트머스는 그렇게 '숲의 방식'으로 사람을 키운다.

초록빛 정체성, 빅 그린

다트머스에는 마스코트가 없다. 대신 학생들이 선택한 색, '다트머스 그린'이 이 학교의 상징이다. 화려한 동물 캐릭터 대신 단 하나의 색깔로 자신을 드러내는 학교. 이 얼마나 다트머스다운가.

'빅 그린(Big Green)'이라는 별칭은 자연과 하나 되려는 다트머스의 태도를 잘 보여준다. 외형보다 본질을, 캐릭터보다 색을 택한 대학. 캠퍼스 곳곳의 거목마다 새겨진 '탄소 제로' 표지판, 건물에 쓰인 재활용 자재, 친환경적이고 지속 가능한 환경에 대한 다트머스의 고민은 학교의 색깔과 맞닿아 있다. 그 초록빛은 이 학교의 정신이자 미래다.

숲속의 서재, 다트머스가 남긴 울림

우버도 리프트도 잡히지 않았다. 벤치에 앉아 버스를 기다리다 멀리서 한 학생이 지나갔다. 김 부장이 큰 소리로 부르자 반갑게 달려왔다. 그는 우리 학교의 15기 졸업생이었다. 역사를 전공하며 로스쿨 진학을 준비 중이라고 했다. 우리는 푸른 잔디광장을 배경으로 기념사진을 찍고, 짧은 인사를 뒤로한 채 작별했다.

캠퍼스를 떠나며 나는 생각에 잠겼다. 하버드는 제국 같았고, 예일은 궁전 같았으며, 프린스턴은 수도원 같았다. 다트머스는 영락없이 '숲속의 서재'였다. 이곳은 세상을 향한 야심보다는 자기 성찰의 용기를 배우는 곳이다. 지금 이 순간에도 하노버의 작은 강의실 어딘가에서 누군가는 '정의란 무엇인가'를 묻고 있을 것이다. 그 물음은 소리 높지 않지만, 이 숲의 대학처럼 오래도록 울릴 것이다.

보스턴에서의 마지막 밤: 저항과 혁신의 맛

버스를 타고 돌아온 보스턴은 이미 어둑어둑해져 있었다. 배가 고팠다. 긴 여정의 가운데에서 잠시 쉼표를 찍고 싶었다. 이번엔 제대로 보스턴의 밤을 음미하기로 했다.

1773년 겨울, 미국 독립 혁명의 도화선이 된 보스턴 차 사건처럼 이 도시는 영국 식민 정책에 맞선 시민 불복종의 상징이자 진보의 정신을 품은 곳이다. 지금도 시내 인구 70만 규모의 보스턴은 스스로를 '세계 혁신을 이끄는 도시'라 부른다. 로건 공항에 걸린 수십 명의 노벨상 수상자 사진은 이 도시의 지적 자부심을 보여준다. 보스턴을 품고 있는 매사추세츠주에는 하버드와 MIT, 보스턴 대학교, 버클리 음대까지 명문대들이 즐비하고, 보스턴컨설팅그룹과 베인앤컴퍼니, 피델리티 인베스트먼트 등 글로벌 금융사의 본사도 이곳에 자리하고 있다. 코로나 백신을 개발한 모더나와 버텍스 파마슈티컬 같은 세계적 바이오 생명과학 기업들도 보스턴에서 연구에 몰입하고 있다. 질레트와 뉴발란스 같은 글로벌 브랜드의 본사 또한 보스턴에 자리하고 있다. 혁신과 실용이 자연스럽게 뒤엉킨 보스턴의 얼굴이다.

　시내에서 맛본 대서양 랍스터는 찬 바닷물 덕에 살이 단단하고 쫄깃했다. 주머니 사정을 생각해 랍스터 스튜와 햄버거로 대신했지만, 한참을 기다려야 할 만큼 북적이는 전문점이었다.

　이날 저녁 식사는, 긴 여정의 고단함을 잠시 잊게 했다. 랍스터의 작고 단단한 맛이 나를 다시, 질문으로 이끈다.

The Great Question

❗ **존 매카시**(수학/컴퓨터과학)

"지능은 오직 인간만의 것인가?"

"기계가 지능을 갖게 되는 날, 인간은 어떤 존재로 남게 될까?"

❗ **티모시 가이트너**(동아시아학/국제경제학)

"시장이 스스로를 구하지 못할 때, 국가는 어디까지 책임져야 하는가?"

"두려움이 시장을 잠식할 때, 믿음은 어디서부터 다시 시작할 수 있을까?"

"금융 시스템은 누구의 안녕을 지키기 위해 존재하는가?"

❗ **넬슨 록펠러**(경제학/국제관계학)

"권력을 가진 사람은, 그 힘을 누구를 위해 써야 하는가?"

"국가가 못 하는 일, 개인이 나서서 해도 되는 걸까?"

- **존 도나호**(경제학/경영학)

    "기술이 세상을 바꾸는 시대, 사람은 어떻게 중심을 지켜야 할까?"

    "성공은 숫자로만 판단할 수 있을까, 아니면 사람과 문화가 진짜 기준일까?"

    "조용한 리더십은 어떻게 더 깊고 넓은 영향력을 만들어낼 수 있을까?"

- **미라 무라티**(기계공학)

    "AI는 어떻게 인간의 창의성과 공존할 수 있을까?"

    "우리는 AI에게 어떤 도덕과 책임을 가르칠 수 있을까?"

- **에드워드 로렌츠**(수학/기상학)

    "미래는 정말로 예측 가능한가?"

    "질서란 혼돈 속에 잠시 드러난 착각은 아닐까?"

    "브라질에서 나비가 날갯짓을 하면, 텍사스에 폭풍을 일으킬 수 있을까?"

- **김용**(생물학/의학/정책학)

  "추락하는 출산율, 치솟는 20대 자살률, 10대 우울증의 가파른 증가는 우리에게 무엇을 말하는가?"

- **로빈 애플바이**(입학 사정관)

  "당신은 무엇을 믿고, 어떤 삶을 살아가고 있는가?"

- **마지막 질문: AI가 인간에게 묻다**

  "당신이 진정으로 추구하는 가치는 무엇인가? 그것을 위해 당신은 무엇을 포기할 준비가 되어 있는가?"

  "당신이 하는 일, 또는 하고자 하는 일이 AI에 의해 대체되지 않을 것임을 증명할 수 있는가?"

09 실용과 학문, 다양성의 교차로 코넬 대학교

이타카의 협곡이 품은 대학

케이유가 호수 남쪽 끝에 자리 잡은 이타카에서, 745에이커에 걸쳐 숲과 협곡, 폭포 사이에 자리한 아이비리그 명문 대학이 있다. 대자연 속에 새겨진 하나의 도시와 같은 코넬 대학교다.

"Ithaca is Gorges(이타카는 협곡들로 이루어져 있다)"는 지역 슬로건처럼, 이 작은 도시는 100개가 넘는 협곡과 폭포들로 둘러싸여 있다. 캠퍼스 한복판을 가로지르는 캐스케딜라 협곡과 폴 크리크 협곡. 그 깊은 틈 사이로 물소리가 끊임없이 흘러내리고, 다리 위에서 내려다보면 수십 미터 아래 바위들 사이로 물줄기가 춤춘다. 이 협곡들은 단순한 자연경관이 아니다. 코넬의 학문적 도전 정신과 개척 의지를 상징하는 메타포다. 깊이를 두려워하지 않고 건너뛰는 용기, 그리고 그 아래로 흐르는 물처럼 끊임없이 전진하는 의지.

최초로 전기로 불을 밝힌 대학

1865년, 미국의 자선가이자 기업가였던 에즈라 코넬과 역사학자이자 외교관이었던 앤드루 딕슨 화이트가 함께 세운 이 대학은 태생부터 남달랐다. 설립자 에즈라 코넬은 "나는 어떤 사람이든 어떤 학문이든 배울 수 있는 기관을 세우고 싶다"고 선언했다. 19세기 미국 고등 교육계에 일종의 혁명적 전언이었다.

당시 하버드나 예일 같은 동부 명문대들이 고전 교육과 종교적 전통에 매여 있을 때, 코넬은 과학과 기술, 농업과 공학을 당당히 학문의 전당으로 끌어들였다. 1883년에는 미국 최초로 전기를 도입한 대학 중 하나가 되었고, 수력 발전기를 이용해 캠퍼스 일부를 전기로 밝혔다. 이는 단순한 기술 도입이 아니라 미래를 향한 의지의 표현이었다.

일곱 개 단과대학의 조화로운 교향곡

오늘날 코넬은 일곱 개의 학부 단과대학으로 구성되어 있다. 각각이 고유한 개성을 지니면서도 하나의 조화를 이루는 모습은 마치 교향악단의 다양한 악기들이 함께 어우러지는 것과 같다.

농업생명과학대학(CALS)은 대지의 생명력을, 공과대학은 기술의 정밀함을, 문리과대학은 지적 탐구의 깊이를, 건축미술계획대학은 창조의 아름다움을, 산업노동관계대학(ILR)은 사회 정의를, 인간생태학대학은 삶의 통찰을, 그리고 경영대학원은 실용의 날카로움을 담당한다. 특히 농업생명과학대학, 산업노동관계대학, 수의과대학은 뉴욕주의 지원을 받는 준공립 단과대학으로서, 사립 아이비리그 안에 공공의 사명을 품은 독특한 이중성을 보여준다. 이 공적 책임과 사적 도전 정신의 결합은 코넬을 더욱 역동적이고 현실적인 대학으로 만든다.

칼 세이건의 학문적 향취가 짙게 스민 대학

코넬의 학문적 강점은 학제 간 융합에 있다. 농업에서 출발한 생명과학은 유전공학과 바이오 기술로 이어지고, 공학은 지속 가능한 미래를 설계하는 도구로 발전했다. 호텔경영학과는 세계 호스피탈리티 산업의 리더들을 길러내며, 수의과대학은 '원헬스(One Health)'라는 생태 통합적 시각을 제시한다.

문리과대학에서는 철학과 물리학, 심리학과 컴퓨터 과학이 경계 없이 대화를 나눈다. 학생들은 자유롭게 전공의 장벽을 넘나든다. 양자역학과 셰익스피어, 경제학과 생물학이 나란히 놓이는 풍경이 낯설지 않다.

그리고 이곳에 '코넬의 정신'을 상징하는 인물이 있다. 칼 세이건. 《코스모스(Cosmos)》로 과학을 시처럼 설명한 천문학자. 그는 시카고 대학교에서 박사학위를 딴 후, 코넬대 천문학과 교수로 수십 년간 재직하며(1968~1996), 과학과 인문학의 다리를 놓았다. 그의 강의는 수백 명의 청중을 울렸고, 과학 방송의 고전이 되었다. 그는 파이오니어, 보이저, 갈릴레오, 패스파인더 탐사선 계획에 참여했고, 인류가 최초로 화성에 착륙한 지점의 이름은 '칼 세이건 기념 기지'다.

"우리는 별의 먼지로 만들어졌으니, 다시 별을 향해 나아가는 것이 우리의 본성이다." 과학이 시가 되고, 질문이 신념이 되었던 사람. 코넬은 그의 정신을 지금도 이어간다.

실패를 두려워하지 않는 문화

코넬에는 실패를 두려워하지 않는 문화가 깊이 뿌리내려 있다. 협곡 위에 세워진 캠퍼스의 지리적 특성과도 무관하지 않다. 깊은 협곡을 건너려면 용기가 필요하고, 때로는 실패할 수 있다는 것을 받아들여야 한다.

코넬 학생들은 이 환경 속에서 자연스럽게 도전 정신을 기른다. 창업 인큐베이터는 실패한 아이디어 속에서도 배움을 찾으라 말하고, 공과대학에서는 매 학기 '실패 박람회'를 열어 프로젝트 실패 사례를 공유한다. 무엇이 잘못되었는가보다, 그 실패가 어떤 통찰로 이어졌는가를 묻는다. 이런 문화는 코넬 졸업생들이 사회에 나가서 보여주는 강인함과 적응력의 뿌리가 된다.

붉은색의 정열, 빅 레드

코넬의 상징색은 카니언 레드(Carnelian Red)와 화이트다. 이타카 협곡 사이로 지는 석양의 색을 닮은 듯한 붉은빛. 운동팀의 별명 '빅 레드(Big Red)'는 단순한 색깔 이상의 의미다. 그것은 코넬 학생들의 열정과 도전, 그리고 따뜻한 공동체 정신을 상징한다.

곰 캐릭터 '터치다운 베어(Touchdown Bear)'는 미식축구 경기에서만 나타난다. 평소엔 오히려 '빅 레드'라는 이름 자체가 이 학교의 정신이다. 협곡의 붉은 바위처럼 단단하고, 석양처럼 뜨겁고, 단풍잎처럼 아름다운 그 색깔 속에 코넬의 이야기가 담겨 있다.

이타카의 겨울이 가르치는 것들

이타카의 겨울은 혹독하다. 11월부터 3월까지 이어지는 긴 눈과 바람 속에서, 학생들은 인내를 배우고 공동체의 따뜻함을 경험한다. 눈 덮인 캠퍼스를 함께 걷고, 기숙사 로비에서 옹기종기 모여 공부하며, 우정을 쌓는다.

그러나 봄은 반드시 찾아온다. 협곡 곳곳에서 폭포가 되살아나고, 캠퍼스가 초록빛으로 물든다. 그 극적인 계절의 변화는 코넬 학생들에게 한 가지 진리를 가르친다. 아무리 긴 겨울도 끝이 있고, 인내한 만큼 봄은 더욱 아름답다는 것을.

세계를 바꾸는 코넬 정신

코넬 출신들은 각자의 분야에서 세상을 바꾸는 일에 앞장서고 있다. 예술과 대중문화 영역에서는 영화 '슈퍼맨'의 주인공 크리스토퍼 리브, 미국의 대표 포스트모던 작가 커트 보니것이 있다. 법조계에서는 미국 연방대법관 루스 베이더 긴즈버그, 정치계에서는 대만 최초의 여성 총통 차이잉원이 대표적이다.

학계에서는 2023년 노벨경제학상 수상자 클라우디아 골딘, 행동경제학자 로버트 H. 프랭크, 수학·과학 저술가 스티븐 스트로가츠 교수가 있다. 또한 게티 센터, 하이 미술관, 로마의 유대인 박물관, 퀼른 시청사 등을 설계한 유명한 건축가 리처드 마이어도 코넬 출신이다. 이들은 모두 대중성과 학문성을 겸비한, 이곳의 지성적 DNA를 고스란히 보여주는 인물들이다.

이들이 보여주는 '코넬 정신'은 단순한 엘리트 의식이 아니다. 실용적이면서도 이상적이고, 개인적이면서도 공공적이며, 경쟁적이면서도 협력적인 균형 감각이다. 협곡을 건너는 다리처럼, 서로 다른 것들을 이어주고 새로운 가능성을 열어주는 정신이다.

협곡 위의 꿈, 그리고 현실

코넬을 탐색하며 내게 각인된 인상은 강렬했다. 이곳에는 꿈과 현실이 공존하고, 협곡의 깊이만큼 깊은 사유가 있으며, 폭포의 역동성만큼 강한 실천이 있다.

아이비리그의 명성을 지니면서도, 땀 흘려 일하는 것을 부끄러워하지 않고, 이상을 품되 현실을 외면하지 않는 곳. 코넬이 바로 그러하다.

언젠가 나는 석양 속에서 붉게 빛나고 있을 코넬 캠퍼스에 서서 이타카 협곡 너머를 바라볼 것이다. 마치 협곡 사이에서 피어난 한 송이의 큰 꽃처럼. 그 꽃은 결코 시들지 않을 것이다. 매년 새로운 학생들이 찾아와 그 꽃에 새로운 꽃잎을 더할 테니까.

칼 세이건이 말했듯, "우리는 별의 먼지로 만들어졌으니, 다시 별을 향해 나아가는 것이 우리의 본성"이다.

그리고 코넬은 그 먼지를 빛으로 바꾸는 법, 그 빛으로 다시 길을 밝히는 법을 가르쳐주는 곳이다.

The Great Question

- **에즈라 코넬**(코넬대 설립자)

    "대학은 누구의 것이며, 누구를 위해 존재해야 하는가?"

    "배움을 향한 열망이 있다면, 그 누구도 배제되어야 할 이유가 있는가?"

- **칼 세이건**(물리학/천문학)

    "우주는 이토록 광막한데, 우리는 왜 아직도 서로를 미워하는가?"

    "과학은 인간의 상상력과 도덕성을 어디까지 확장시킬 수 있을까?"

    "우주적 관점에서 본 인간의 존재는, 얼마나 의미 있는가?"

- **크리스토퍼 리브**(영문학)

    "진정한 영웅이란 누구인가?"

    "몸은 갇혔을지라도, 의지와 희망은 자유로울 수 있는가?"

- **커트 보니것**(화학)

    "사랑과 유머 없이, 인간은 무엇으로 남는가?"

    "이 모든 고통과 혼돈 속에, 삶에는 정말 의미가 있는가?"

    "우리가 만든 '진보'는 과연 인류를 더 행복하게 만들고 있는가?"

- **루스 베이더 긴즈버그**(정치학)

    "법은 어떻게 약자의 목소리를 대변할 수 있는가?"

    "진정한 평등이란 무엇이며, 누구를 위해 존재해야 하는가?"

- **차이잉원**(법학)

    "작은 나라는 큰 목소리를 낼 수 없는가?"

    "평화를 지킨다는 것은 침묵하는 것을 의미하는가?"

- **클라우디아 골딘**(경제학)

    "진짜 평등은 어디에서 시작해야 하는가?"

    "성별은 왜 아직도 경제적 운명을 결정짓는 변수인가?"

    "동일한 능력과 꿈을 가진 사람들에게, 왜 세상은 여전히 다른 기회를 주는가?"

- **로버트 H. 프랭크**(수학/경제학)

    "합리적으로 선택한 것이 왜 비합리적 결과를 낳는가?"

    "내가 오르는 사다리가, 남의 사다리를 끊고 있지는 않은가?"

❗ **스티븐 스트로가츠(수학)**

"우리는 어떻게 서로 연결되어 있는가?"

"수학은 세상을 보는 또 다른 눈이 될 수 있는가?"

"복잡한 세상 속에서, 수학은 어떻게 단순함을 발견하는가?"

❗ **리처드 마이어(건축학)**

"빛은 건축의 언어가 될 수 있는가?"

"하얗다는 것은 비어 있다는 뜻인가, 아니면 모든 가능성을 담고 있다는 뜻인가?"

"혼란스러운 세계 속에서 건축은 어떻게 질서와 명료함을 제안할 수 있을까?"

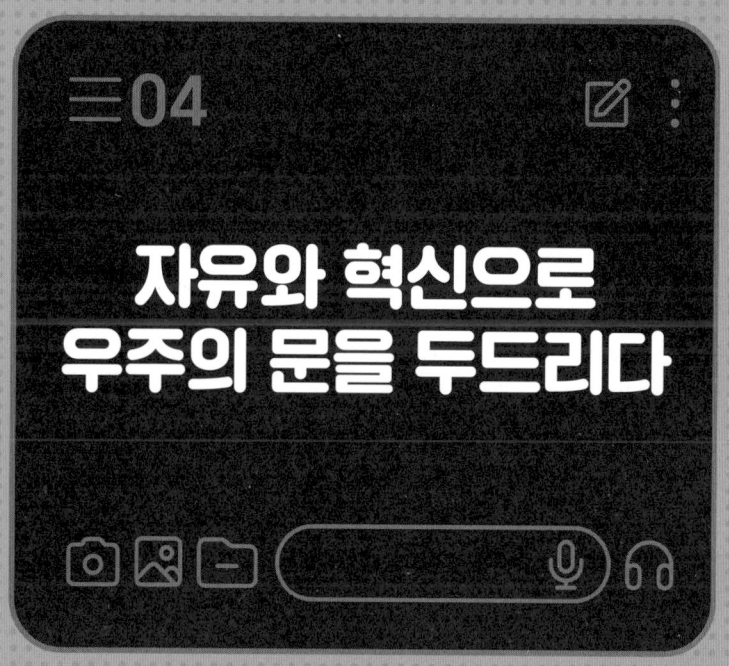

01
실리콘 밸리를 품은 혁신의 심장 스탠퍼드 대학교

서부의 빛을 품은 풍경, 광활한 스탠퍼드

미국 서부의 빛은 다르다. 대륙을 가로질러 온 태양은 긴 여정 끝에 날카로움을 잃고, 부드럽고 온화한 빛이 황금빛 먼지처럼 대지 위에 내려앉는다. 스탠퍼드 대학교 캠퍼스는 바로 그 빛을 온전히 머금고 있다.

캘리포니아 팔로알토, 실리콘밸리 심장부에 위치한 스탠퍼드 캠퍼스는 붉은 기와와 베이지색 석조 건물들이 조화를 이룬다. 약 33km²(990만 평)에 달하는 방대한 부지로, 여의도 면적의 11배, 서울대학교 면적의 8배에 달한다. 축구장 면적과 비교하면 약 4,622개와 맞먹는 압도적인 규모이다. 캠퍼스가 워낙 넓어

자전거 없이는 도서관에서 기숙사까지 가는 데도 상당한 시간이 걸린다.

캠퍼스 안에는 로댕의 조각 27점이 전시된 조각 정원과 400여 종의 선인장과 다육식물이 자라는 '아리조나 가든'이 있다. 완만한 구릉을 넘어서면 야생화가 만발하는 초원 지대가 펼쳐지고, 캠퍼스 뒤편으로는 디시 힐스(Dish Hills)의 능선이 파도처럼 넘실거린다. 스탠퍼드 캠퍼스는 하나의 생동하는 도시이자 거대한 풍경화다.

미래의 공화국, 스탠퍼드의 탄생

스탠퍼드는 단지 미국 최고 명문 대학 중 하나라는 칭호를 넘어서, 이미 그 자체로 하나의 강력한 상징이자 독자적인 정체성을 갖는다. 하버드, 프린스턴, 예일이 기득권의 귀족적 전통을 대표한다면, 스탠퍼드는 '미래의 공화국'이라 불러도 손색없다.

1885년, 철도왕 릴런드 스탠퍼드는 열다섯 살에 장티푸스로 요절한 외아들을 기리기 위해 이 대학을 설립했다. 그들의 슬로건은 명확했다.

"캘리포니아의 모든 아이들은 우리의 아이다."

개인의 아픔을 넘어 학문을 통해 공공의 선을 추구하고자 했던 숭고한 이상을 담고 있다.

초창기 스탠퍼드는 백만장자의 농장이라며 조롱받던 무명의 사립대에 불과했다. 그러나 20세기 중반, 특히 2차 세계대전 이후 과학기술 중심의 국가 전략과 맞물리며 급성장했다. 1951년 프레더릭 터먼 학장이 시작한 스탠퍼드 리서치 파크는 대학과 산업의 경계를 허물며, 오늘날 혁신의 요람인 실리콘밸리 생태계의 결정적인 출발점이 되었다.

열정의 붉은 심장, 카디널 레드

스탠퍼드의 상징색은 카디널 레드다. 이 강렬한 붉은색은 1891년 첫 미식축구 경기에서 팀 유니폼 색상으로 채택된 이래, 캠퍼스 지붕을 덮고 모든 공식 엠블럼에 새겨지며 스탠퍼드가 지닌 열정과 진취적인 정신을 대변해 왔다. 흥미롭게도 학교 마스코트인 '카디널'은 특정한 새를 지칭하는 것이 아니라, 추기경의 붉은 예복에서 유래한 바로 그 색 자체를 의미한다.

'스탠퍼드 카디널'이라는 이름 아래 스포츠팀들은 다양한 종목에서 눈부신 활약을 펼친다. 특히 미식 축구팀은 1926년부터 시작된 UC 버클리와의 '빅게임'에서 백년 가까운 라이벌전을 이어가며 전통의 명승부로 자리매김했다. 스탠퍼드는 PAC-12 컨퍼런스에서 무려 25회의 챔피언십을 거머쥐었고, 올림픽에서는 300개가 넘는 메달을 획득한 선수들을 배출했다.

경계를 허무는 교육 철학

스탠퍼드의 진정한 힘은 고유한 교육 철학과 이를 실천하는 방식에서 발현한다. 이곳은 학생들에게 자유로운 사고, 심도 깊은 통합, 그리고 과감한 실험을 주문하며 혁신적인 커리큘럼을 설계한다.

'씽킹 매터스(Thinking Matters)' 프로그램은 단순한 교양 수업을 넘어, 철학적 사고의 근간을 다지는 데 집중한다. 학생들은 플라톤에서 현대 철학자에 이르는 고전과 현대의 텍스트를 직접 탐독하고 열띤 토론을 벌이며, 논리적 사고력과 비판적 분석 능력을 갈고닦는다.

하소 플래트너 디자인연구소에서는 예술, 공학, 경영, 사회학의 경계가 허물어지고 자유롭게 교차한다. 이곳에서 디자인 씽킹 방법론을 통해 창의적 문제 해결 능력을 키우며, 이는 이미 전 세계 혁신 교육의 표준으로 자리매김했다.

스탠퍼드의 학생들은 성적이 아니라 질문의 깊이로 평가받고, 화려한 스펙이 아니라 끊임없는 실험정신을 통해 성장한다. 이 독창적인 교육 모델은 학문 간의 장벽을 허물고, 배움을 실제 삶과 긴밀히 연결하며, 단순한 지식 습득을 넘어 스스로 사고하는 태도를 길러내는 데 모든 역량을 집중한다.

실리콘밸리의 심장, 혁신의 DNA

스탠퍼드의 컴퓨터공학과는 실리콘밸리의 기술적 심장과도 같다. 이곳에서 탄생한 기술들이 전 세계의 소통 방식을 근본부터 뒤흔들었다. 래리 페이지와 세르게이 브린이 개발한 페이지랭크 알고리즘은 구글의 토대가 되었고, 야후의 창립자 제리 양과 데이비드 파일로는 학생 시절 웹 디렉토리를 만들며 인터넷 시대를 열었다.

우리가 매일 사용하는 인스타그램, 넷플릭스, 링크드인, 스냅챗 등 익숙한 플랫폼들이 이 캠퍼스에서 첫 아이디어를 얻었다. 스탠퍼드 기숙사는 스타트업 인큐베이터였고, 도서관은 혁신의 실험실이었으며, 카페테리아는 투자자들과의 만남의 장이었다.

나아가 스탠퍼드는 의과대학과 공과대학의 긴밀한 협력을 통해 바이오테크 분야에서도 눈부신 성과를 내고 있다. 유전자 편집 기술 CRISPR의 상용화, 정밀의학 연구, 그리고 인공지능(AI)을 활용한 신약 개발이 이곳에서 활발히 진행되고 있다.

입학, 내러티브를 가진 인재를 찾아서

스탠퍼드는 입학에서도 남다른 철학을 고수한다. 매년 전 세계에서 55,000명 이상의 지원자가 몰리지만, 합격률은 3.9%에 불과하다. 이는 하버드와 함께 미국에서 가장 낮은 수준이다.

홀리스틱 리뷰라는 입학 전형 방식을 통해 지원자의 시험 점수나 성적뿐 아니라, 개인의 경험, 가치관, 성장 가능성, 사회적 기여 의지를 종합 평가한다. 특히 개인 에세이와 추천서, 그리고 리더십이나 사회 참여 경험이 결정적 비중을 차지한다.

이 학교가 진정으로 원하는 것은 '내러티브를 가진 사람'이다. 자신만의 문제의식을 품고 이를 해결하기 위해 직접 행동에 나선 경험, 그 과정을 통해 얻은 교훈과 명확한 미래 비전을 가진 인재를 선택한다. 스탠퍼드는 완성된 인간보다, 스스로의 서사를 써 내려가는 미완의 인간을 기다린다.

시대의 물결을 만든 동문들: 구글와 엔비디아 CEO 배출

스탠퍼드 동문들은 단순히 유명하다는 이유로 명단에 오르지 않는다. 그들은 시대의 흐름을 만들고, 기존의 틀을 무너뜨리며, 새로운 패러다임을 창조한 이들이다.

정치와 외교 분야에서는 허버트 후버 제31대 미국 대통령, 콘돌리자 라이스 전 국무장관, 수전 라이스 전 유엔 대사가 있다. 기술과 혁신 분야에서는 구글 공동창립자 래리 페이지와 세르게이 브린, 현 알파벳(구글 모회사) CEO인 순다르 피차이, 넷플릭스 창립자 리드 헤이스팅스, 페이팔 공동창립자 겸 팔란티어 CEO 피터 틸, 스냅챗 창립자 에반 스피겔, 왓츠앱 공동창립자 브라이언 액튼, 그리고 반도체 GPU로 인공지능 시대를 선도하는 엔비디아(NVIDIA)의 CEO 젠슨 황 등 한 시대의 문법을 다시 쓴 이들이 스탠퍼드 출신이다.

AI의 아버지로 불리는 존 매카시는 프린스턴에서 수학 박사 학위를 받고, MIT를 거쳐 이곳 스탠퍼드에서 정교수로 38년간 (1962~2000) 재직하며 수많은 제자를 길러냈다.

그밖에 대중적 인지도가 높은 인물로는 세계적인 골프 선수 타이거 우즈(경제학 중퇴), 아카데미상 수상 배우 리즈 위더스푼과 제니퍼 코넬리, 그리고 최초의 미국 여성 우주비행사 샐리 라이드가 있다. 학계와 연구 분야에서는 전 스탠퍼드 총장이자 구글 알파벳 이사회 의장인 존 헤네시, AI 분야 석학이자 코세라(Coursera) 공동 창업자인 앤드류 응과 다프네 콜러 등 수많은 선구자들이 활약하고 있다.

현재 스탠퍼드에는 노벨상 수상자 19명, 튜링상 수상자 30명 등 각 분야에서 패러다임을 바꾸는 연구를 이끌고 있는 세계적인 석학들이 재직 중이다.

순위를 넘어선 임팩트

세계 대학 순위에서 스탠퍼드는 항상 최상위권을 다툰다. 2024년 기준 QS 세계대학순위 5위, 타임즈 고등교육 순위 4

위, US News 세계대학순위 3위를 기록했다. 특히 공학, 컴퓨터과학, 경영학 분야에서는 하버드를 제치고 세계 최고 평가를 받는다.

그러나 스탠퍼드가 진정으로 강조하는 가치는 순위가 아니라 임팩트다. 지금 이 순간, '인간 사회의 본질적 문제를 해결할 수 있는가'라는 질문에 실제로 답할 수 있는 인재를 키우는 것, 이것이 스탠퍼드의 존재 이유다.

최근에는 기후 변화, 지속 가능성, 사회적 불평등 같은 글로벌 과제 해결에 더욱 집중하고 있다. 2030년까지 탄소 중립 달성을 목표로 하며, 전체 학부생의 18%가 저소득층 가정 출신이다. 연간 소득 10만 달러 이하 가정의 학생은 등록금 전액을 지원받는다.

끝나지 않은 실험, 방향을 만드는 교육

오늘날 스탠퍼드는 여전히 거대한 실험의 한복판에 있다. 그 실험의 무대는 더 이상 연구실에만 국한되지 않는다. 붉은 지붕 아래 16,000여 명의 학생들은 자신만의 질문을 만들고, 동료와 치열하게 토론하며, 때론 실패하고, 다시금 용기 있게 도전한다.

이곳은 AI 시대에 부합하는 새로운 교육 방법론을 개발하고, 가상현실을 활용한 몰입형 학습, 개인 맞춤형 커리큘럼을 실험하고 있다. 스탠퍼드 리서치 파크에서는 바이오테크, 클린테크, 핀테크 스타트업들이 새로운 파도를 만들고 있으며, 대학은 이들을 위한 인큐베이터와 액셀러레이터 역할을 강화하고 있다.

학교는 이 모든 과정을 '교육'이라 부르며, 그 실험정신을 미래로 삼는다. 스탠퍼드가 길러내는 것은 단순한 졸업장이 아니라, 스스로 방향을 정할 줄 아는 인간이다. 그 방향은 언제나 낯선 질문에서 출발한다.

세상에 의미 있는 흔적을 남기되, 그 흔적 자체가 또 다른 질문이 되는 사람. 변화무쌍한 세상 속에서 변하지 않는 가치를 찾아내고, 그 가치를 통해 더 나은 미래를 창조해 가는 사람. 스탠퍼드는 바로 그런 이들을 기다리고 있다.

"Die Luft der Freiheit weht(자유의 바람이 분다)." 이 문장은 스탠퍼드 대학교의 모토이자 함축된 철학이다.

The Great Question

🔸 **허버트 후버**(공학, 제31대 미국 대통령)

"국가는 어디까지 한 사람의 삶을 책임질 수 있는가?"

"자유와 책임, 공공의 이익과 개인의 자율성은 어떻게 균형을 이룰 수 있는가?"

🔸 **콘돌리자 라이스**(정치학, 전 미국 국무장관)

"자유는 누구의 희생 위에 세워지는가?"

"무력과 외교 사이, 정의는 어디에 있는가?"

🔸 **수전 라이스**(역사학, 전 유엔 대사)

"평화란 침묵의 다른 이름인가, 아니면 정의의 또 다른 얼굴인가?"

"우리는 왜 인종과 국적에 따라 목숨의 무게를 다르게 재는가?"

"국제 사회는 누구의 고통에 귀 기울이고, 누구의 고통은 외면하는가?"

❗ **순다르 피차이(재료공학·경영학, 알파벳 CEO)**

"속도가 전부가 된 세상에서, 방향은 누가 책임지는가?"

"우리는 알고리즘에게 무엇을 가르치고 있으며, 무엇을 잊게 만들고 있는가?"

"기술은 사람을 더 자유롭게 만들고 있는가, 아니면 더 정교하게 통제하고 있는가?"

❗ **리드 헤이스팅스(컴퓨터과학·인공지능, 넷플릭스 창업자)**

"취향을 예측하는 알고리즘은, 결국 우리 생각마저 설계하는가?"

"자유로운 선택이라 믿는 클릭이, 어쩌면 가장 은밀한 통제가 아닐까?"

"기술이 우리 삶을 더 좋게 만들고 있는 걸까, 아니면 잠잘 시간까지 빼앗는 괴물이 되어가고 있는 걸까?"

❗ **피터 틸(철학·법학, 팔란티어 CEO)**

"당신은 0에서 1을 만드는 사람인가, 아니면 이미 있는 것을 반복하는 사람인가?"

"우리는 진짜로 새로운 것을 만들고 있는가, 아니면 남이 만든 것을 단지 조금씩 개선하고 있을 뿐인가?"

❗ **케빈 시스트롬**(경영과학 및 공학, 인스타그램 공동 창업자)

"디지털 시대의 소통은 어떻게 해야 사람 사이의 진짜 연결과 감정을 담아낼 수 있을까?"

"우리는 사진을 찍는 것인가, 아니면 사진을 위해 살아가고 있는가?"

❗ **에반 스피겔**(공학, 스냅챗 창업자)

"기억이 영원하지 않아도, 진짜 소통은 가능하지 않을까?"

❗ **브라이언 액튼**(컴퓨터과학, 왓츠앱 창업자)

"우리는 기술을 통해 사람들을 더 많이 연결시키고 있는가, 아니면 점점 더 고립시키고 있는가?"

❗ **젠슨 황**(전기공학, 엔비디아 CEO)

"기계는 인간의 능력을 어디까지 확장할 수 있는가?"

"인공지능은 인간의 창조성을 잠식하는가, 아니면 확장하는가?"

"우리는 인공지능과 공존하는 길을 설계하고 있는가, 아니면 길을 잃고 있는가?"

❗ **앤드류 응(컴퓨터공학, 코세라 공동 창업자)**

"양질의 교육은 왜 일부 사람들에게만 허락되어야 하는가?"

"배움의 기회는 선택받은 이들의 특권인가, 아니면 모두의 기본권인가?"

"AI 기술의 진보가 누구에게나 혜택이 되기 위해 우리는 무엇을 해야 하는가?"

❗ **타이거 우즈(경제학 중퇴, 프로골퍼)**

"승리는 나만의 기준으로 정의할 수 있는가?"

"천재라 불리는 삶에, 실수와 용서는 허락되지 않는가?"

"내면의 싸움에서 이기지 못한다면, 세상의 어떤 트로피도 무슨 의미가 있는가?"

캘리포니아 드림, 공립 최고 명문 UC 버클리

캠퍼스는 작은 도시, 혁신의 요람

　미국 명문 대학 이야기를 할 때, 캘리포니아 대학교 버클리(UC 버클리)를 빼놓을 수 없다. 한국에서도 UC 버클리는 가장 사랑받는 대학 중 하나다. 특히 외대부고의 경우도 매년 수많은 졸업생들이 이곳으로 향했고, 18기까지 171명의 학생이 버클리의 문을 열었다. UCLA나 뉴욕대를 능가하는 이 숫자는, 단지 통계를 넘어 시대적 동경의 지표가 된다.

　미국 서부의 뜨거운 태양 아래, 샌프란시스코 만 건너편 버클리 언덕 위에 자리한 UC 버클리는 단순한 대학을 넘어 하나의 '현상'이다. 1868년 설립된 이 공립 명문은 150여 년간 자유와 혁신, 그리고 도전의 상징으로 자리매김해 왔다.

1,232에이커의 광활한 캠퍼스는 그 자체로 하나의 작은 도시다. 캠퍼스의 심장이자 랜드마크인 새더 타워가 307피트 높이로 하늘을 향해 솟아오르며, 어디서든 샌프란시스코 만의 푸른 물결과 골든 게이트 브리지의 웅장한 모습을 바라볼 수 있다.

자유와 저항, 그 이름의 유산

버클리는 링컨 대통령이 서명한 '모릴 법(Morrill Act)'에 따라 공공 고등교육의 기치를 내걸고 태어난 대학이다. 그러나 단순한 공립대가 아니었다. 교육은 특권층의 것이 아니라 대중의 것이어야 한다는 신념 아래, UC 버클리는 '공공성'이라는 가치를 학문으로 구현하려 했다. 그리고 그 철학은 곧 행동이 되었다.

1964년, 스프라울 플라자에 선 한 청년이 마이크를 잡았다. "기계의 바퀴 속에, 기어 속에 몸을 던져야 할 때가 있다." 마리오 사비오의 이 외침은 곧 자유발언대 운동의 불꽃이 되었고, 그 불꽃은 지식에 생명을 불어넣었다. 버클리는 공부하는 공간에 머물지 않는다. 지식이 행동이 되고, 질문은 저항이 된다.

노벨상의 마당, 질문의 연금술

UC 버클리는 '지성의 백화점'이라 해도 과언이 아니다. 물리학, 화학, 생물학, 경제학, 법학, 정치학, 언어학, 심리학까지 각 분야에서 세계적 순위권을 놓치지 않는다. 노벨상 수상자를 가장 많이 배출한 공립 대학이기도 하다.

로렌스 방사선 연구소는 핵분열의 실험장이었고, 1940년대 맨해튼 프로젝트는 이곳에서 추진됐다. 플루토늄이 처음 발견된 곳도 바로 버클리다. 주기율표에 '버클륨(Bk)'이라는 이름이 새겨진 이유다. 맨해튼 프로젝트의 핵심 인물이었던 핵물리학자 로버트 오펜하이머는 1929년부터 1943년까지 버클리에서 교수로 재직하며, 이론 물리학의 깊이를 더하고 당대 과학 담론을 주도했다.

버클리의 학풍은 '도전'과 '비판'으로 요약된다. 학생들은 교수의 말을 곧이곧대로 받아들이지 않는다. 질문하고 반박한다. 교수들도 그걸 환영한다. 한 정치철학 강의에서 교수는 "내 생각을 반박하려면 이 책을 읽고 와라"고 말했다고 한다. 다음 주, 한 학생이 손에 책을 들고 나타나 반론을 폈다. 교수는 웃으며 말했다. "이런 용기가 버클리를 위대하게 만들지."

대표적인 강점 전공으로는 컴퓨터공학, 생명과학, 환경과학, 경제학, 법학 등이 있다. 특히 컴퓨터과학과 공학은 MIT, 스탠퍼드와 어깨를 나란히 한다. 인공지능 윤리의 선구자로 평가받는 스튜어트 러셀 교수는, 인간의 가치와 조화를 이루는 AI 개발이라는 화두를 던지며 전 세계 기술 담론을 이끌고 있다. 물리학 분야에서는 사울 펄머터 교수가 암흑 에너지 연구와 우주의 가속 팽창 이론으로 2011년 노벨 물리학상을 수상했다. 실리콘밸리의 심장부가 이 대학의 동문들로 뛰고 있다는 사실은 더 이상 놀라운 일이 아니다.

지식은 질문이 되고, 질문은 혁명이 되는 곳, 그 이름은 UC 버클리다.

유전자 편집 기술이 탄생한 혁신의 씨앗

UC 버클리는 실리콘밸리의 창업 생태계와 긴밀하게 연결돼 있다. 애플의 공동 창업자 스티브 워즈니악, 인텔의 공동 창업자이자 전 CEO인 앤디 그로브, 그리고 고든 무어(화학 학사, 칼텍에서 화학 및 물리학 박사) 등은 모두 버클리의 피를 이어받은 혁신가들이다. 그들은 이 캠퍼스에서 디지털 문명의 씨앗을 품었고, 세상의 판을 다시 짜겠다는 열정을 키웠다.

여기선 창업과 연구가 따로 놀지 않는다. 학생들이 직접 기술을 실험하고 사회적 문제를 해결하는 '챌린지 랩', 사회 정의와 기술 윤리를 다루는 '블룸 센터', 인공지능의 철학과 법을 함께 고민하는 'AI Ethics Initiative' 같은 프로그램이 그것이다. 기술은 곧 사유이고, 사유는 곧 실천이라는 이 대학교의 전통은 여전히 살아 있다.

공학 분야만이 아니다. 버클리는 생명과학과 바이오테크놀로지 분야에서도 세계적인 선두 주자다. 유전자 편집 기술 크리스퍼(CRISPR)의 공동 개발자인 제니퍼 다우드나 교수가 이곳에서 연구하며 2020년 노벨 화학상을 수상한 것은 UC 버클리의 학문 수준을 보여준다. 캘리포니아 바이오 벨트의 중심에서 의료 혁신과 환경 보호 기술 개발에 앞장서고 있는 이곳은 미래를 여는 열쇠를 쥐고 있다.

사회 변혁을 이끄는 인문 사회과학의 힘

버클리의 또 다른 강점은 깊이 있는 인문 사회과학 분야다. 정치학, 사회학, 심리학, 환경학 등 모든 분야에서 세계적 수준의 교수진과 연구 성과를 자랑한다. 특히 환경 문제와 지속 가능성 연구에서는 단연 세계 최고의 권위를 인정받는다. 기후 변화, 에너지 정책, 환경 정의 등의 주제에서 학계를 선도하며, 캠퍼스 자체도 탄소 중립을 목표로 하는 친환경 캠퍼스의 모델이 되고 있다.

버클리의 인문학 또한 빼놓을 수 없다. 철학, 문학, 역사학에서 배출된 석학들은 인간 정신의 깊은 탐구를 통해 현대 사회의 복잡한 문제들에 대한 혜안을 제시한다. 캠퍼스 곳곳에서 벌어지는 열띤 토론과 세미나는 단순한 학문적 교류를 넘어 사회 변혁의 아이디어가 탄생하는 현장이다. 인지 언어학 분야의 세계적 권위자이며 '프레임 이론'으로 유명한 조지 레이코프 교수가 이곳에서 강의하고 있다는 점도 흥미롭다. 《생각에 관한 생각》의 저자 대니얼 카너먼도 버클리에서 심리학 박사학위를 받고 교수(1986~1994)로 재직한 바 있다.

경제학과 경영학 분야 역시 버클리의 자랑이다. 하스 비즈니스 스쿨은 혁신적인 리더십과 지속 가능한 경영을 추구하는 인재들의 산실이다. 기술 혁신과 사회적 책임을 동시에 추구하는 캘리포니아식 경영 철학이 이곳에서 꽃피고 있다.

또한 미국 노동부 장관을 지낸 로버트 라이시 교수는 버클리에서 '경제는 누구를 위한 것인가'를 끊임없이 되묻는다. 그는 강의실 안팎에서 불평등, 복지, 공정한 시장에 대해 목소리를 높이며, 복잡한 경제 구조를 대중이 이해할 수 있도록 풀어내는 데 헌신해왔다. 그의 강의는 단순한 이론 교육을 넘어, 경제학이 어떻게 더 정의로운 사회를 설계할 수 있는지에 대한 질문을 학생들에게 던진다.

자유 언론 운동의 발상지: 변화를 만드는 DNA

1960년대 자유 언론 운동의 발상지였던 버클리는 오늘날에도 변함없는 진보와 도전의 상징이다. 스프로울 광장에서 시작된 학생 운동은 전 세계 민주주의 역사에 획을 그었고, 이런 전통은 지금도 캠퍼스 곳곳에서 살아 숨 쉰다. 버클리 학생들은 단순한 지식의 수용자가 아니라 세상을 바꾸는 행동가들이다.

이러한 정신은 버클리가 추구하는 인재상에도 그대로 반영된다. 성적만 뛰어난 학생이 아니라, '문제를 깊이 통찰하고 새로운 해법을 모색하는 사람', 그리고 '공동체에 긍정적인 영향을 미치는 사람'을 원한다. '주체적이고 도전적이며 혁신적인 정신을 가진 인재', 바로 이들이 버클리가 찾는 사람들이다.

입학, 숫자 그 너머의 이야기

UC 버클리는 미국 대학 순위에서 항상 상위권을 유지하며, 특히 '공립대학' 중에선 줄곧 1위를 지킨다. 합격률은 10% 안팎. 매우 경쟁이 치열한 대학 중 하나이다. 그러나 이 학교는 '단순한 성적'보다는 '학문에 대한 열정', '사회적 영향력', '비판적 사고력'을 가진 학생을 선호한다. 에세이에서 어떤 질문을 던졌는가, 그 질문이 세상을 바꿀 수 있을까, 하는 것에 초점을 맞춘다.

입학처는 이렇게 말한다. "우리는 점수보다 이야기에 귀를 기울입니다. 어떤 삶을 살아왔고, 그 삶이 어떻게 학문으로 연결되는지를 듣고 싶습니다." 그래서 버클리에선 SAT나 GPA보다, '지속된 호기심'이 더 중요한 자산이 된다.

학업 성취도는 기본이고, 자기 주도성, 리더십, 창의성, 공동체 기여도, 역경 극복 경험 등 13가지 항목을 종합적으로 평가한다. 입학 사정관들이 묻는 핵심 질문은 다음과 같다.

"이 학생은 어떤 고민을 해왔는가?", "자신의 관심 분야를 위해 어떤 노력을 해왔는가?", "앞으로 이 캠퍼스에 어떤 영향을 미칠 것인가?"

학생부, 에세이, 활동 내역, 추천서가 서로 유기적으로 연결되어 한 사람의 전체 맥락을 읽어내려는 시도다. 때로는 한 장의 추천서에 담긴 교사의 확신으로, 때로는 에세이에 녹아든 진심으로 입학처의 문을 두드린다.

다양성과 포용성: 세계를 품은 캠퍼스

UC 버클리의 가장 큰 자랑 중 하나는 바로 다양성이다. 미국 내에서도 손꼽히는 다양한 학생 구성을 자랑하며, 아시아계, 히스패닉, 아프리카계, 백인 학생들이 조화롭게 어우러진다. 각기 다른 배경과 경험을 가진 학생들이 모여 서로의 시야를 넓히고 깊은 이해를 쌓는다. 이곳에서의 교류는 단순한 학문적 교류를 넘어 진정한 글로벌 리더로 성장하는 밑거름이 된다.

캠퍼스의 상징 색깔인 '버클리 블루'와 '캘리포니아 골드'는 캘리포니아 자연의 아름다움과 그 속에 깃든 도전 정신을 상징한다. 친근한 마스코트 '오스키 더 베어'는 학교가 지닌 용기와 우정의 정신을 나타내며, 스포츠팀 '골든 베어스'의 이름에는 당당한 기개가 담겨 있다.

캘리포니아 드림을 꿈꾸는 자, 버클리로 가라

UC 버클리는 캘리포니아 드림을 현실화하는 최고의 무대다. 이곳에서는 꿈을 꾸는 것만으로는 부족하다. 그 꿈을 현실로 만들어낼 수 있는 지식과 기술, 그리고 네트워크를 모두 갖출 수 있다. 캘리포니아의 낙관적이고 혁신적인 문화 속에서 학생들은 자신의 한계를 넘어서는 경험을 한다.

샌프란시스코의 안개가 걷히면 보이는 황금빛 석양처럼, 버클리에서의 4년은 인생의 가장 찬란한 시기가 된다. 치열한 학업과 연구, 다양한 사람들과의 만남, 그리고 무한한 가능성이 열린 미래에 대한 기대감이 어우러져 특별한 대학 생활을 만들어낸다.

버클리 하면 떠오르는 문장이 있다.

"생각은 길을 만들고, 길은 사람을 만든다."

버클리는 그 길 위에 서 있다. 사색과 질문, 저항과 혁신이 한데 얽힌 길. 누구나 갈 수는 없지만, 누구든 꿈꿔볼 수는 있는 길이다. 당신의 호기심이 그 길의 첫걸음이라면, 버클리는 그 끝에서 이렇게 속삭일 것이다.

"세상이 틀렸다고 생각하니? 그럼, 바꿔봐."

> **The Great Question**

- **로버트 오펜하이머**(물리학)

  "과학이 만들어낸 파괴적 힘에 대해, 우리는 어디까지 책임질 수 있을까?"

- **사울 펄머터**(천체물리학)

  "우주는 왜 점점 더 빠르게 팽창하고 있는가?"

- **제니퍼 다우드나**(생명과학)

  "인류는 어디까지 유전자를 편집할 권리가 있는가?"

- **스튜어트 러셀**(AI/컴퓨터과학)

  "어떻게 해야 인간의 가치에 맞는 인공지능을 설계할 수 있을까?"

- **조지 레이코프**(언어/인지과학)

  "보이지 않는 프레임은 어떻게 우리의 사고와 선택을 지배하는가?"

- **대니얼 카너먼(심리학/행동경제학)**

  "우리는 왜 합리적으로 생각한다고 믿으면서도 비합리적으로 선택하는가?"

- **로버트 라이시(경제학/공공정책)**

  "오늘날의 경제 시스템은 과연 누구를 위해 돌아가고 있는가?"

03

우주의 문을 두드리는 작은 거인 칼텍

사막 한가운데서 깊어지는 과학의 명상

캘리포니아의 뜨거운 태양 아래, LA의 소음에서 멀지 않은 파사데나의 조용한 동네 한복판에 칼텍(Caltech)이 고요한 위용으로 서 있다. 시끌벅적한 도시와는 전혀 다른 차원의 세계다. 여기서는 분주함을 잠시 내려놓고, 내면 깊숙이 침잠하는 지성의 성소가 된다. 햇살에 반짝이는 건물 사이로 고요가 흘러넘치고, 바람이 불어도 어느 연구실 책상 위의 한 문장 한 문장을 쉽게 흔들지 못할 듯하다.

'캘리포니아 공과대학교'라는 딱딱한 명칭보다, 칼텍의 실체는 훨씬 더 신비롭다. 하버드나 스탠퍼드처럼 세계적으로 널리 알려진 이름에 비해 대중적 인지도는 낮을지 모르지만, 이 작은 캠퍼스의 존재감은 결코 가볍지 않다. 세계를 새롭게 해석하고 우주를 설계하는 천재들이 모여들어, 과학의 신전을 이루고 있기 때문이다.

작지만 무거운 존재감, 세계 최정상의 소수 정예

칼텍 캠퍼스는 놀라울 만큼 작다. 정문에서 안쪽 끝까지 걸어서 10분이면 충분하다. 2,000명이 조금 넘는 학생들이 이 작고 조용한 캠퍼스에 모여 있지만, 이 공간의 무게감은 그 어떤 거대한 대학과 견주어도 결코 뒤처지지 않는다.

학부 신입생은 매년 약 230명 정도. 지원자는 수천 명이 넘지만 그 중 극히 일부만 '몰입의 깊이'와 '사유의 창의성', 그리고 '지식에 대한 진지한 태도'를 보여야만 이 문턱을 넘을 수 있다.

칼텍의 모든 수업은 소규모로 운영된다. 학생 한 명, 교수 한 명이 실험실에서 눈을 맞추고 토론하며 함께 길을 찾는다. 교수는 단순한 강의를 넘어, 연구의 동료이자 때로는 철학적 대화의 파트너가 된다. 학생과 교수가 때론 수적으로 거의 맞먹는, 밀도 높은 학습 환경은 칼텍만의 특별함을 만든다.

또한 'Honor Code'라 불리는 공동체 윤리는 칼텍의 심장과 같다. "칼텍 공동체의 어떤 구성원도 다른 구성원을 부당하게 이용하지 않는다."는 이 한 문장은 시험 무감독, 숙제 자율 제출의 신뢰 기반이자 서로에 대한 깊은 존중의 선언이다. 규칙은 없지만 책임은 무겁다. 이 묵직한 믿음이 칼텍을 움직이는 진정한 힘이다.

지적 고통을 딛고 비상하는 사고의 깊이

칼텍의 수업 난이도는 이미 전설이다. 어느 물리학 교수는 "칼텍에서 공부한다는 건 하루에 세 번쯤 물리학을 때려치우고 싶어진다는 뜻"이라며 웃었지만, 이 말은 깊은 진실을 담고 있다.

그 고통을 견뎌낸 자만이 세계에서 가장 깊은 지적 풍경을 마주한다. 'Ph 125: Quantum Mechanics' 수업은 단순히 슈뢰딩거 방정식을 외우는 자리가 아니다. 그 방정식이 탄생한 철학적 전제, 실험적 한계까지 모두 토론하며 학생들은 물리학의 근간을 스스로 해체하고 재구성한다.

정답을 맞히는 데 머무르지 않고, 문제 자체를 뒤틀고 새 질문을 끊임없이 던지는 능력이 요구된다. 칼텍의 교육은 기술의 습득을 넘어, 사고방식의 설계도를 새로 그리는 과정이다. 그야말로 단단한 '질문 한 개'가 수십 페이지 분량의 해답보다 훨씬 더 귀하다.

리처드 파인만, 칼텍의 영혼

칼텍의 정신을 가장 잘 대표하는 이는 단연 리처드 파인만이다. 노벨 물리학상 수상자이자 '파인만 다이어그램' 창시자로 알려진 그는 복잡한 이론물리학을 마치 장난감처럼 다뤘고, 강의실에서는 농담과 드럼 연주를 빼놓지 않았다.

"나는 과학을 사랑한다. 하지만 더 사랑하는 것은 그 과학이 세상을 얼마나 멋지게 설명하는지를 깨닫는 순간이다."

MIT 학부를 졸업하고 프린스턴에서 박사학위를 받은 그가 평생을 보낸 곳이 바로 칼텍이다. 그의 정신은 지금도 캠퍼스 구석구석에 살아 숨 쉬고 있다.

학생들 사이에선 이런 우스갯소리가 전해진다.

"하버드는 대통령을 만들고, MIT는 산업을 창조하며, 칼텍은 우주를 설계한다."

이 말이 허세가 아님을 증명하듯, 칼텍은 제트추진연구소(JPL)를 운영하며, 나사의 화성 탐사선 '커리오시티'와 '퍼서비어런스', 그리고 외계 생명체 탐사 프로젝트의 심장부 역할을 맡고 있다.

경계없는 융합을 지향하는 공학

칼텍은 공학 중심 대학이지만 전통적인 학과 경계가 거의 없다. 물리학자는 수학을, 생물학자는 컴퓨터과학을, 천문학자는 인문학을 함께 공부한다.

'Caltech Biology + Bioengineering(BBE)' 프로그램은 분자생물학, 유전공학, 인공지능(AI)이 자연스럽게 융합되는 대표적 예다. 'Computation and Neural Systems'는 수학과 뇌과학, AI의 경계를 허물며 새로운 인식 알고리즘을 탐구한다.

예술과의 만남도 활발하다. 'Caltech Theater'에서는 과학자들이 직접 연극을 만들고, 작곡하며, 사진을 찍는다. 빛과 파장이 무대 위에서 경계를 흐리듯, 칼텍의 융합은 학문과 예술의 경계를 허무는 놀라운 실험이다.

칼텍의 이런 융합적 분위기는 학생과 교수들이 고정관념을 뛰어넘어 새로운 사고를 자유롭게 펼칠 수 있게 한다.

작지만 영향력 거대한 졸업생들

칼텍의 졸업생은 많지 않다. 하지만 그들은, 과학기술의 바다에 거대한 파동을 남긴 이름들이다. 노벨상 수상자만 40명이 넘고, 튜링상, 필즈상, 월드 테크놀로지 어워드 수상자들이 칼텍 출신이다.

대표 졸업생으로는 인공지능(AI)의 아버지로 불리는 전설적인 컴퓨터 과학자 존 매카시, 천체물리학자 프랭크 캐플러, 컴퓨터

과학 대가 도널드 크누스, 그리고 인텔 공동 창업자 고든 무어(박사과정)가 있다.

무어는 1965년, "반도체 칩에 담긴 트랜지스터 수는 매년 두 배로 증가한다"는 놀라운 통찰을 남겼다. 이후 이 예측은 '무어의 법칙'으로 불리며 전 세계 반도체 산업의 기술적 나침반이 되었고, 스마트폰에서 인공지능, 우주 탐사에 이르기까지 현대 문명의 연산 능력은 이 법칙을 따라 진화해 왔다.

이처럼 칼텍이라는 낯선 정신의 공간에서 이들은 자기만의 궤적을 그려내며 세계 과학기술의 진보에 지울 수 없는 흔적을 남겼다.

교수진 역시 눈부시다. 킵 손 교수는 중력파를 직접 탐지한 LIGO 프로젝트를 이끌며 2017년 노벨 물리학상을 수상했고, 블랙홀 이론을 대중에게 소개하는 데도 선구적 역할을 했다. 프랜시스 아놀드 교수는 단백질을 인위적으로 진화시키는 기술을 개발해 2018년 노벨 화학상을 수상하며 생명공학의 지평을 확장했다. 찰스 엘치 교수는 NASA 제트추진연구소(JPL) 소장으로서 화성 탐사선 퍼서비어런스와 외계 생명체 탐사 프로젝트를 총지휘하며 인류의 우주 탐사를 이끌었고, 마이크 브라운 교수는 왜행성 '에리스'를 발견해 명왕성을 태양계 행성의 지위에서 끌어내리는 데 결정적 역할을 했다. 그는 '명왕성을 죽인 사나이'라는 별명으로도 유명하다.

이처럼 칼텍의 연구실은 늘 고요하지만, 그 고요 속에서 탄생한 사유와 실험은 우주의 근본을 다시 써 내려가고 있다.

칼텍은 질문을 던진다

칼텍은 정답을 주지 않는다. 대신 질문을 던진다.

"이 현상은 왜 존재하는가?", "기존 이론이 놓친 부분은 무엇인가?", 그리고 무엇보다도,

"너는 무엇을 그렇게 알고 싶어 하는가?"

이 질문들은 학문의 출발점이자 삶의 지향점이다. 아무도 강요하지 않지만 누구도 생각을 멈추지 않는다. 고요한 흰 건물과 마른 나무 아래, 학생들은 자신만의 질문을 다듬고, 그 질문은 언젠가 인류의 새로운 답으로 피어난다.

세상의 중심은 늘 시끄러운 곳에만 있지 않다. 때로는 가장 조용한 실험실 책상 위, 작은 메모 한 장 속에 존재한다. 칼텍, 그곳이 바로 그런 신비로운 장소다.

The Great Question

- **리처드 파인만**(이론물리학/양자역학)

    "나는 모른다고 말하는 것을 왜 두려워해야 하는가?"

    "나는 정말 알고 있는가? 아니면 아는 척하고 있는가?"

    "우리는 자연을 정말로 이해하고 있는가, 아니면 그저 수학적으로 흉내 내고 있을 뿐인가?"

- **고든 무어**(반도체공학/전자공학)

    "기술의 발전 속도는 어디까지 인간의 삶을 향상시킬 수 있는가?"

- **도널드 크누스**(컴퓨터과학/알고리즘)

    "프로그래밍은 과학일까, 아니면 예술일까?"

- **킵 손**(이론물리학/중력이론/천체물리학)

    "우주는 인간의 상상력을 어디까지 시험할 수 있는가?"

- **프랜시스 아놀드**(화학/생명공학)

    "진화는 자연만의 힘인가, 우리 인간도 설계할 수 있는가?"

❗ **찰스 엘치**(우주공학/로보틱스/외계 탐사)

"우리는 인간의 지성을 얼마나 멀리까지 보낼 수 있는가?"

"우리가 만든 기계는, 우리보다 먼저 외계 생명과 조우할 수 있을까?"

❗ **마이크 브라운**(천문학/행성과학)

"우주의 질서는 누가 정하는가?"

"태양계는 정말 8개의 행성으로 끝인가, 아니면 우리가 아직 찾지 못한 제9의 행성이 숨어 있는 걸까?"

과학과 인문이 조화로운 라이스 대학교

텍사스 휴스턴, 그 불꽃 같은 도시의 품에서

미국 남부, 땅의 열기와 하늘의 꿈이 교차하는 텍사스의 중심에 휴스턴이 있다. 뉴욕, 로스앤젤레스, 시카고에 이어 미국에서 네 번째로 큰 도시이자, 항공우주·에너지·의료 산업의 본거지다. NASA 존슨우주센터가 이곳에 자리하면서, 인류의 우주 개척사는 늘 이 도시에서 방향을 잡았다. "휴스턴, 문제가 생겼다"는 아폴로 13호의 전설적인 외침 역시 바로 여기서 울려 퍼졌.

멕시코만과 인접한 지리적 이점은 4,600여 개의 에너지 기업을 불러 모았고, 원유와 천연가스는 도시의 핏줄처럼 흐른다. 그래서 사람들은 이곳을 '에너지의 심장'이라 부른다. 동시에 휴스턴은 생명과학의 최전선이기도 하다. 세계 최고 수준의 암 연구 기관인 MD앤더슨 암센터를 비롯해, 코로나 백신 개발에 기여한 수많은 바이오의약 기업들이 이 도시에 뿌리내렸다. 400개 이상의 의료·바이오 스타트업과 연구기관이 모인 텍사스 메디컬 센터는, 혁신의 생태계가 살아 숨 쉬는 과학의 도시 그 자체다.

이처럼 뜨겁고 역동적인 도시 한가운데, 조용한 위엄으로 자신을 지켜온 대학이 있다. 라이스 대학교. 1912년, 석유 재벌 윌리엄 마셜 라이스의 유언에 따라 설립된 이 대학은, 텍사스의 거센 바람 속에서도 품격과 지성을 잃지 않으며 독자적인 교육의 길을 걸어왔다.

전체 학생 수는 만 명을 넘지 않고, 학부생도 약 4,000명에 불과하다. 그러나 그 작음 속에 진짜 학문이 깃들어 있다. 과학과 공학, 인문학과 사회과학, 경영학에 이르기까지 넓고도 깊은 학문적 스펙트럼을 자랑하며, 무엇보다 '작지만 강한 공동체'라는 명성에 걸맞은 인재들이 이곳에 모인다. 그들은 단순한 성적 우수자가 아니다. 창의성과 도전 정신, 그리고 인류를 향한 진지한 질문을 가슴에 품고, 이 고요한 캠퍼스의 문을 두드린다.

한 사람을 위한, 밀도 높은 교육 공동체의 기적

라이스의 교육 철학은 분명하다.

"교수와 학생이 밀착하는 작은 공동체 속에서 학문을 완성한다."

학생 대 교수 비율 9:1이라는 수치는, 그 약속의 실천이자 신념의 증거다. 교실과 연구실 곳곳에서 오가는 생생한 대화와 실험, 그리고 깊이 있는 토론은 웬만한 대형 연구소에서도 보기 힘든 수준이다.

이 밀도 높은 학문 공동체에서 학생들은 마치 한 배를 타고 미지의 세계를 항해하는 탐험가 같다. 서로의 생각을 부딪치고, 논쟁하며, 때로는 함께 웃고 울며 지성을 키워간다. 거대한 대학 속에 파묻히는 일이 없이, '한 사람 한 사람'의 가능성을 끝까지 밀어 올리려는 라이스의 교육 철학은 이 학교만의 정체성이자, 흔들림 없는 자부심이다.

공학과 자연과학, 세상을 바꾸는 작은 거인의 도전

라이스의 공학과 자연과학은 미국 내에서도 견고한 위상을 자랑한다. 특히 나노과학, 생명공학, 재료과학 분야에서 눈부신 성과를 내며, 휴스턴의 에너지 산업과 바이오메디컬 생태계에 핵심적 기여를 하고 있다. 세계 최대 규모의 의료 복합단지인 텍사스 메디컬 센터와의 긴밀한 협력은 의학 연구와 바이오 엔지니어링 분야에서도 끊임없는 혁신을 가능하게 한다.

학생들은 이 대도시가 품은 무한한 가능성 속에서 단순히 지식을 배우는 데 그치지 않고, 삶의 목적과 방향을 찾아간다. 데이터 과학과 컴퓨터 공학 또한 라이스의 강점이다. 실리콘밸리에 견줄만한 첨단 기술 창업과 응용 연구가 이 캠퍼스에서 역동적으로 펼쳐지고 있다.

텍사스의 산업 생태계와 라이스

휴스턴 인근의 오스틴은 지금, 세계적 기업들이 몰려드는 또 하나의 기술 허브로 부상하고 있다. 낮은 물가와 소득세 없는 세제 환경 덕분에 고급 인재와 양질의 일자리가 집중되고 있으며, Dell, 오라클, 테슬라, 내셔널 인스트루먼트를 비롯한 유수의 기업들이 본사를 이곳에 두고 있다. 삼성전자의 시스템 반도체 공장을 비롯해, 애플, 구글, IBM 등의 핵심 사업 부문도 오스틴 인근에 자리잡고 있다.

이처럼 빠르게 확장되는 산업 생태계는 라이스 졸업생들에게 무한한 가능성의 장을 열어준다. 실리콘밸리와 '실리콘힐스'로 불리는 오스틴을 잇는 혁신의 고리 속에서, 라이스 대학교와 텍사스 대학교 오스틴 캠퍼스는 그 인재 흐름의 중추를 이룬다. 첨단 기술과 아이디어가 교차하는 이 지형 속에서, 라이스 출신들은 도전과 창조의 전면에 서 있다.

인문학과 사회과학, 기술 너머 사람을 품다

라이스는 과학과 공학에만 집중하는 대학이 아니다. 문학, 철학, 역사, 정치학 등 인문학과 사회과학 역시 교육의 한 축으로 깊이 뿌리내리고 있다. 이곳에서는 기술의 발전만큼이나, 인간다움의 본질을 묻고 사유하는 일이 중요하다.

휴스턴의 다문화적이고 역동적인 환경은 학생들에게 다양성과 세계화, 사회적 책임에 대한 깊이 있는 성찰의 기회를 제공한다. 라이스의 학생들은 밀도 높은 토론과 탐구를 통해 사회 정의, 환경 생태학, 공공 정책, 글로벌 이슈에 이르기까지 다양한 사회적 현안에 직접 참여한다. 교수는 지식의 전달자가 아니라 동행자이며, 토론은 단순한 수업의 일부가 아니라 공동체를 움직이는 심장이다.

라이스가 추구하는 교육은 분명하다. 기술로 세상을 바꾸되, 사람을 잊지 않는 것. '기술 너머의 사람'을 품는 이 사유와 실천이야말로 라이스 인문교육의 진면목이다.

'올해의 대학'에 오른 이유

라이스는 해마다 미국 내 '최고의 대학' 순위에 이름을 올린다. 그러나 그 명성은 단순한 연구비 규모나 숫자로 매겨지는 순위 때문만은 아니다. 라이스를 특별하게 만드는 진짜 이유는, 이 대학만의 고유한 문화, 곧 '라이스 정신(Rice Spirit)'에 있다.

이곳의 핵심 가치는 '협력과 존중'이다. 경쟁이 치열한 여타 명문대들과는 달리, 라이스의 학생들은 서로를 경쟁자가 아닌, 동료이자 협력자로 여긴다. 교수는 지식을 일방적으로 전달하는 존재가 아니라, 탐구의 여정을 함께 걷는 동반자다. 라이스의 교실과 연구실에서는 수직적 위계보다 수평적 소통이 중심에 놓이며, 그런 문화 속에서 학문은 더 깊고 단단해진다.

또한 라이스는 소규모 연구 중심 대학이라는 강점을 살려, 모든 학생에게 실질적인 연구 참여의 기회를 제공한다. 학부생이라도 일찍부터 연구실에 들어가 실제 프로젝트를 함께 수행하고, 그 과정에서 창의성과 문제 해결 능력을 체화해 간다. 지식의 축적을 넘어, 스스로 질문을 던지고 답을 찾아가는 힘이 자란다.

결국 라이스의 진정한 차별성은 수치가 아닌 태도에 있다. '더불어 배우고, 함께 성장한다'는 신념이 일상이 된 이곳에서, 교육은 경쟁이 아니라 협력의 언어로 쓰여진다. 바로 그 점이 라이스를 '올해의 대학'으로 만드는 이유다.

학생 자치와 다양성: 공동체 안에서 피어나는 자유

라이스는 텍사스의 전통적 보수성을 넘어, 다양성과 포용의 가치를 실천하는 공동체를 지향한다. 다양한 인종과 국적, 관심사를 지닌 학생들이 한데 어우러져, 캠퍼스는 늘 문화적 대화와 지적 교류로 활기를 띤다.

이곳의 자치 문화는 단순한 활동 차원을 넘어서, 민주주의가 일상 속에서 숨 쉬는 생생한 장이다. 학생회, 매우 다양한 동아리, 사회적 의제를 다루는 자율조직 등은 모두 라이스 정신이 실천되는 공간이며, 그 안에서 학생들은 스스로 말하고, 결정하고, 행동하며 진정한 공동체의 일원이 되어간다.

이 작은 캠퍼스 안에서 펼쳐지는 자율과 책임의 문화는 라이스가 단순한 명문을 넘어서는 이유를 보여준다. 경쟁과 서열을 넘어, 자유와 다양성의 숨결이 일상 속에서 피어나는 곳—바로 그것이 라이스가 지닌 또 하나의 힘이다.

라이스의 빛나는 졸업생들

라이스를 거쳐 간 이들은 과학, 예술, 기업, 정치 등 다양한 분야에서 시대를 앞서는 선구자가 되었다. 페기 휘트슨(Peggy Whitson)은 미국인 가운데 최장 우주 체류 기록(675일)을 보유한 여성 우주비행사로, 2024년 라이스 대학교 졸업식 연설자로 다시 캠퍼스를 찾았다. 라이스는 NASA와의 깊은 인연으로도 잘 알려져 있으며, 지금까지 총 16명의 우주비행사와 NASA 고위 인사를 배출해왔다. 그 가운데는 과학자이자 우주인, 그리고 37

년간 라이스에서 후학을 길러낸 커트 미셸 교수도 포함된다.

기초과학의 영역에서도 라이스는 찬란한 업적을 남겼다. 로버트 컬과 리처드 스몰리는 1996년 노벨 화학상을 공동 수상하며 '풀러렌(C_{60})'의 발견으로 나노과학의 지평을 열었다. 또한 라이스 동문인 로버트 우드로 윌슨은 우주 배경복사의 존재를 입증한 공로로 1978년 노벨 물리학상을 수상하며, 천체물리학의 역사에 깊은 족적을 남겼다.

기술과 창업 분야에서도 라이스는 눈에 띄는 인재들을 길러냈다. 존 도어는 라이스에서 전기공학을 전공한 뒤, 실리콘밸리의 대표 벤처 캐피털 '클라이너 퍼킨스'의 파트너로서 구글, 아마존, 인튜이트 등에 초기 투자를 이끈 혁신가로 자리매김했다. 특히 구글 창업자들이 허름한 컴퓨터로 만든 초기 프로그램을 보여주자, 그는 단 15분 만에 투자 결정을 내렸다. 그리고 회의실 칠판에 'OKR'이라는 네 글자를 써넣으며, 목표(Objectives)와 핵심 결과(Key Results)를 중심으로 성과를 측정하는 방법을 제시했다. 이 단순하지만 견고한 원칙은, 훗날 구글을 넘어 전 세계 혁신 기업의 성장 원칙이 되었다.

마크 댄크버그는 위성통신 기업 ViaSat의 공동 창업자이자 CEO로, 라이스 ECE 명예의 전당에 이름을 올렸다. 또한 리처드 바라니우크 교수는 세계적 교육 혁신 플랫폼인 'OpenStax'의 창립자로, 교과서의 패러다임을 바꾼 인물로 꼽힌다.

라이스의 교수진 또한 세계 학문 공동체의 중심에서 깊은 자취를 남겼다. 로버트 스타인 교수는 46년간 정치학과 도시 정책, 공공 거버넌스 연구에 헌신하며 지역사회와 학계를 잇는 학문적 교량 역할을 해왔다. 물리학자인 호세 오누칙 교수는 이론 생물물리학의 세계적 권위자로, 단백질 접힘의 에너지 지형을 수리적으로 모델링하는 선구적 연구를 이끌고 있다.

또한 《더 브레인》, 《창조하는 뇌》, 《무의식은 어떻게 나를 설계하는가》 등으로 한국 독자에게도 널리 알려진 데이비드 이글먼 역시 라이스 대학교 출신이다. 훗날 스탠퍼드 대학교 교수로 재직한 그는, 라이스에서 문학을 전공하던 학부 시절 도서관에서 우연히 접한 뇌과학 논문 한 편에 마음을 빼앗겼다. 인간의 의식과 무의식, 감정과 사고를 과학적으로 탐구할 수 있다는 사실은, 그의 삶의 방향을 송두리째 바꾸어 놓았다. 문학과 과학의 경계를 넘나드는 그는 오늘날 세계적 과학 커뮤니케이터이자 베스트셀러 작가로 활약 중이다. 그의 대표작 《무의식은 어떻게 나를 설계하는가》(원제 Incognito: The Secret Lives of the Brain)는, 과학이 어떻게 인간의 내면을 설명할 수 있는지를 보여주는 깊이 있는 질문의 결정체다.

작은 캠퍼스, 큰 꿈이 자라는 곳

푸른 밤하늘 아래 회색빛 현신, 올빼미는 라이스 대학교의 지혜를 상징한다. 어둠 속에서도 길을 찾는 눈, 날카로운 통찰력으로 학문의 깊이를 상징해온 이 새는 캠퍼스 곳곳에 조형물로 아로새겨져 있다.

지혜의 날갯짓 아래, 푸른 꿈과 회색빛 사유가 어우러져 찬란한 배움의 역사를 써 내려가는 곳. 그곳이 바로 라이스다. 규모는 크지 않지만, 그 안에 담긴 지성과 열정은 결코 작지 않다. 라이스는 전통과 혁신, 그리고 각자의 색채로 빚은 가능성이 어우러지는 특별한 배움의 공간이다.

한 치 앞도 알 수 없는 시대, 라이스는 분주한 세상의 소음에서 한 걸음 물러나 묵묵히 자신의 길을 걷는다. 휴스턴의 역동적 거리에서 살짝 비켜선 그곳에서, 학생들은 자유롭고 진지하게 세상을 묻고, 깊이 있게 답을 구한다.

라이스 대학교는 오늘도 새로운 세대를 맞이하며, 그들의 질문에 불을 지피고, 꿈이 뿌리내릴 수 있는 토양을 조용히 가꾸고 있다.

라이스, 성적보다 '어떤 사람인가'를 묻다

라이스의 입학 전형은 단순한 시험 점수로 사람을 가늠하지 않는다. 학문적 역량은 기본이지만, 그보다 중요한 것은 '이 사람이 어떤 존재인가'라는 질문이다.

입학 사정관들은 지원자의 인격, 가치관, 호기심의 깊이, 공동체에 대한 기여 가능성을 입체적으로 살핀다. 에세이, 추천서, 과외활동, 인터뷰는 각각 독립적인 문서가 아니라, 하나의 사람을 이해하기 위한 유기적 퍼즐로 작동한다.

그 결과, 라이스는 매년 수많은 지원자 중 단지 성취가 뛰어난 이가 아니라, 함께 배우고 토론하며 성장할 준비가 된 '인격 있는 학습자'를 찾아낸다. 그렇게 선택된 학생들은, 라이스라는 특별한 공동체 안에서 삶을 새로 사유하고, 지적 탐색의 여정을 통해 자신만의 문장을 써 내려가기 시작한다.

> **The Great Question**

- **페기 휘트슨** (우주생물학 / 항공우주의학 / NASA 우주비행사)

  "우리는 지구 밖에서 함께 살아갈 준비는 하고 있으면서, 정작 지구에서는 서로를 얼마나 잘 돌보고 있는가?"

- **로버트 컬** (화학 / 나노과학)

  "우리가 알고 있다고 믿는 가장 익숙한 원소조차, 아직 다 밝혀지지 않은 비밀을 품고 있는 건 아닐까?"

- **리처드 스몰리** (화학 / 나노과학)

  "인류가 앞으로 50년간 직면할 가장 중요한 문제는 무엇인가?"
  "우리는 인류의 미래를 지탱할 에너지를 어떻게 만들어낼 것인가?"

- **로버트 우드로 윌슨** (천체물리학 / 우주배경복사)

  "우주의 시작은 어떤 모습이었을까? 그 흔적이 지금도 우리 곁에 남아 있을까?"

🔵 **존 도어**(벤처캐피털 / 기술투자 / ESG 경영)

"당신의 기술과 아이디어가 세상에 어떤 가치를 더하는가?"

"당신이 이루고 싶은 목표는, 세상을 더 나은 곳으로 만드는 데 도움이 되는가?"

🔵 **마크 댄크버그**(위성통신공학 / 정보기술)

"정보 격차를 줄이기 위해 기술은 무엇을 해야 하는가?"

"기술이 모든 사람을 위한 것이 아니라면, 과연 진짜 혁신이라 할 수 있는가?"

🔵 **리처드 바라니우크**(전기공학 / 교육기술 / 오픈에듀케이션)

"지식은 왜 누구에게는 값비싸고, 누구에게는 당연한 권리인가?"

"교육이 모두를 위한 것이라면, 왜 우리는 여전히 배움의 장벽을 만들어 두고 있는가?"

❗ **로버트 스타인** (도시공학 / 시민참여정책 / 스마트시티 디자인)

"도시는 과연 시민의 참여로 움직이는가, 아니면 시민 위에 존재하는가?"

❗ **데이비드 이글먼** (영문학 / 신경과학 / 인지과학)

"나는 나를 얼마나 알고 있는가?"

"무의식이 지배하는 세계에서, 진짜 '나'는 어디에 있는가?"

"내가 내린 선택은 정말 '내'가 한 것일까, 아니면 무의식이 이미 결정한 것을 착각하고 있는 걸까?"

세상을 바꾼 위대한 질문들

ⓒ박인호, 2025

초판 1쇄 발행 2025년 10월 1일
초판 2쇄 발행 2025년 11월 3일

지은이 박인호
펴낸이 이경희

발행 글로세움
출판등록 제318-2003-00064호(2003.7.2)

주소 서울시 구로구 경인로 445(고척동)
전화 02-323-3694
팩스 070-8620-0740
메일 editor@gloseum.com
홈페이지 www.gloseum.com

ISBN 979-11-93938-03-4 03370

•잘못된 책은 구입하신 서점이나 본사로 연락하시면 바꿔 드립니다.